DESPERTAR INTERIOR:

30 Meditaciones guiadas para la sanacion y el crecimiento personal

Querido(a) lector(a),

Me complace enormemente presentarte "Despertar Interior: 30 Meditaciones Guiadas para la Sanación y el Crecimiento Personal". En este libro, encontrarás un tesoro de meditaciones cuidadosamente diseñadas para guiarte en un viaje hacia el autoconocimiento, la tranquilidad y el empoderamiento. Cada meditación te invitará a explorar aspectos fundamentales de tu ser, conectándote con la esencia pura que reside en tu interior.

Antes de embarcarte en este viaje de transformación, me gustaría compartir contigo algunas reflexiones. La meditación es una práctica ancestral que nos permite sumergirnos en la profundidad de nuestro ser y descubrir la riqueza de nuestro mundo interior. A través de la atención plena y la conexión con nuestra respiración, aprendemos a liberarnos del ruido mental y a encontrar la calma en medio del caos.

Para obtener el máximo beneficio de estas meditaciones, te invito a crear un espacio sagrado en tu entorno. Busca un lugar tranquilo y cómodo donde puedas dedicar tiempo exclusivamente a ti mismo. Puedes adornar este espacio con elementos que te inspiren y te reconecten con la naturaleza, como plantas, cristales o velas.

Es importante recordar que no hay un orden específico para realizar estas meditaciones. Cada una de ellas aborda temas diferentes, desde calmar la ansiedad y liberar el estrés, hasta cultivar la gratitud y la aceptación. Siente la libertad de escoger la meditación que resuene contigo en el momento presente. Puedes regresar a ellas cuantas veces lo desees, ya que cada experiencia será única y significativa.

Al sumergirte en estas meditaciones, permítete sentir y experimentar sin juicios. Date el regalo de la compasión hacia ti mismo(a) en cada paso del camino. La sanación y el crecimiento personal son procesos profundos y a veces desafiantes, pero recuerda que tienes la fuerza y la sabiduría dentro de ti para superar cualquier obstáculo.

En cada meditación, te guiaré suavemente a través de visualizaciones y afirmaciones poderosas. Aprovecha este tiempo para conectarte con tu corazón y honrar tus emociones.

Permítele a tu intuición ser tu guía y deja que la magia de la meditación te envuelva en su abrazo sanador.

Te invito a dar el primer paso en este viaje de autodescubrimiento. "Despertar Interior" está diseñado para ser tu compañero fiel en el camino hacia una vida más consciente y plena. Que estas meditaciones te inspiren, te nutran y te ayuden a encontrar la paz interior que siempre ha estado presente dentro de ti.

Con amor y gratitud,

Sol Savall

INDICE

01 MEDITACION PARA EQUILIBRAR LAS EMOCIONES.

Bienvenido(a) a esta meditación guiada para cultivar el equilibrio emocional. Encuentra un lugar tranquilo y sereno donde puedas sumergirte en esta práctica con total comodidad y sin distracciones. Siéntate en una postura que te permita mantener tu espalda erguida pero relajada, ya sea en el suelo con las piernas cruzadas o en una silla con los pies apoyados en el suelo. Asegúrate de que tu cuerpo esté en una posición cómoda y equilibrada, permitiendo que la energía fluya con facilidad.

Cierra los ojos suavemente y comienza a dirigir tu atención hacia tu respiración. Toma unas respiraciones profundas y conscientes, inhalando por la nariz y exhalando por la boca. Siente cómo el aire entra en tu cuerpo, nutriendo cada célula, y cómo al exhalar, liberas cualquier tensión o preocupación.

Con cada inhalación, permítete traer la calma y la serenidad a tu ser. Con cada exhalación, deja ir cualquier emoción que pueda estar pesando en tu corazón. Si surgen pensamientos o distracciones, simplemente obsérvalos sin juzgar y vuelve suavemente tu atención a la respiración.

Ahora, lleva tu enfoque hacia tu corazón. Imagina que estás respirando a través de tu corazón, permitiendo que cada inhalación y exhalación toque tu centro emocional. Siente cómo tu corazón se expande con cada respiración, abrazando todas las emociones que están presentes en este momento.

Permítete sentir cualquier emoción que surja, ya sea alegría, tristeza, enojo o calma. Observa cada emoción con amabilidad y sin apego. Reconoce que todas las emociones son válidas y tienen un propósito en tu vida. No te esfuerces por cambiarlas o suprimirlas; simplemente obsérvalas y permíteles ser.

Imagina que estás rodeado(a) de una luz cálida y amorosa que envuelve todo tu ser. Esta luz te llena de comprensión y aceptación, nutriendo cada parte de ti con bondad y compasión. Siente cómo esta luz te conecta con tu esencia más profunda, recordándote que eres mucho más que tus emociones.

Con cada respiración, siente cómo el equilibrio y la armonía se instalan en tu interior. Visualiza tu corazón como un lago tranquilo y sereno, donde las emociones fluyen como suaves ondas en la superficie. No importa cuán intensas sean las emociones, tu corazón permanece en calma y en equilibrio.

Ahora, dirige tu atención hacia cualquier emoción que desees equilibrar en este momento. Puede ser una emoción que esté presente en tu vida en este instante o una que haya estado presente recientemente. Permítete sentirla plenamente, sin juzgarla ni aferrarte a ella.

Imagina que estás envolviendo esta emoción en la luz amorosa de tu corazón. Visualiza cómo la luz abraza esta emoción, suavizándola y liberando cualquier tensión que pueda estar asociada con ella. Siente cómo la emoción se transforma y se convierte en una parte armoniosa de tu ser.

Continúa respirando y practicando la atención plena en tus emociones. Si surgen pensamientos o juicios, simplemente obsérvalos sin involucrarte en ellos. Regresa suavemente a la respiración y a la aceptación de tus emociones.

Recuerda que el equilibrio emocional es un proceso continuo y dinámico. No se trata de eliminar ciertas emociones o forzarnos a sentirnos de una manera específica, sino de aprender a reconocer, abrazar y comprender la diversidad de nuestras emociones, honrando cada una de ellas.

Al igual que en la vida, el equilibrio emocional no es estático, y es natural que experimentemos una gama de emociones en diferentes situaciones. Al practicar la atención plena en nuestras emociones, nos volvemos más conscientes de cómo reaccionamos ante ellas y cómo pueden influir en nuestras acciones y decisiones.

A medida que te adentres en esta práctica, notarás cómo el simple acto de ser consciente de tus emociones puede generar un cambio significativo. Al permitirte sentir y aceptar plenamente tus emociones, evitarás reprimir o negar lo que estás experimentando, lo que puede conducir a una mayor armonía y autenticidad emocional.

Recuerda que no existe una emoción correcta o incorrecta, y cada una de ellas tiene un propósito y un mensaje para nosotros. Permitirte sentir emociones "negativas" como la tristeza o el miedo, te brinda la oportunidad de procesar y liberar lo que necesita ser atendido, mientras que cultivar emociones "positivas" como la gratitud o la compasión te permite nutrir y fortalecer tu bienestar emocional.

El equilibrio emocional no se trata de suprimir tus emociones, sino de responder a ellas de una manera consciente y saludable. La atención plena en tus emociones te ayuda a desarrollar una mayor autorregulación emocional, lo que te permitirá responder con calma y compasión ante situaciones desafiantes.

Con el tiempo y la práctica constante, notarás cómo la armonía emocional se convierte en una cualidad interna arraigada en tu ser. Serás capaz de enfrentar las fluctuaciones emocionales con gracia y sabiduría, encontrando el equilibrio y la calma en medio de cualquier tormenta emocional.

Permítete ser gentil contigo mismo(a) durante este proceso. A veces, la armonización de las emociones puede requerir tiempo y paciencia, pero cada paso que das hacia una mayor comprensión y aceptación de ti mismo(a) te acerca a una vida más plena y significativa.

Recuerda que esta meditación es solo una de las muchas herramientas disponibles para cultivar el equilibrio emocional en tu vida. No dudes en explorar las demás meditaciones guiadas de este libro, y siéntete libre de regresar a ellas en cualquier momento que desees trabajar con una emoción específica o simplemente nutrir tu conexión contigo mismo(a).

Hoy, has dado un paso valiente y amoroso hacia una mayor armonía emocional. Con cada práctica, te acercas más a una vida enriquecida por la autenticidad, la compasión y la serenidad. Confía en ti mismo(a) y en el poder transformador de la atención plena en tus emociones.

02 MEDITACION DE RELAJACION PROFUNDA.

Comienza por encontrar un espacio tranquilo y cómodo donde puedas sentarte o recostarte sin ser interrumpido. Asegúrate de que tu cuerpo esté en una posición relajada y en equilibrio.

Cierra los ojos suavemente y lleva tu atención hacia tu respiración. Toma una respiración profunda, inhalando lentamente por la nariz y exhalando suavemente por la boca. Siente cómo el aire entra en tu cuerpo, llenándote de energía vital, y cómo al exhalar, liberas cualquier tensión o preocupación que puedas llevar contigo.

Permite que tu respiración encuentre un ritmo natural y relajante. Siente cómo tu cuerpo se va volviendo más liviano y suelto con cada exhalación. Siente cómo te sumerges más y más en un estado de profunda relajación.

Ahora, lleva tu atención a tus pies. Observa cómo se sienten, si hay alguna tensión o incomodidad. Con cada inhalación, imagina que inhalas una luz suave y relajante, que se dirige hacia tus pies y los envuelve en una sensación de calma y alivio. Con cada exhalación, suelta cualquier tensión o incomodidad que puedas sentir.

Continúa ascendiendo por tu cuerpo, llevando esta luz suave y relajante a tus piernas, tus muslos, tu abdomen y tu pecho. Siente cómo cada parte de tu cuerpo se relaja, liberando cualquier tensión acumulada. Permite que la sensación de paz y calma se extienda a cada célula de tu ser.

Lleva tu atención a tus brazos, tus manos y tus dedos. Siente cómo se relajan y se vuelven livianos. Deja que cualquier tensión o estrés se disuelva en esta suave luz relajante.

Ahora, lleva tu atención a tu espalda y tus hombros. Siente cómo se liberan de cualquier carga o peso. Permite que la luz suave y relajante penetre profundamente en tus músculos y tejidos, liberando cualquier tensión acumulada.

Lleva tu atención a tu cuello y tu cabeza. Siente cómo los músculos de tu cuello se relajan y cómo cualquier pensamiento o preocupación se disipa suavemente. Deja que tu mente se calme y se vuelva tranquila.

Ahora, visualiza un lugar de absoluta paz y serenidad. Puede ser un jardín tranquilo, un prado verde o cualquier entorno natural que te brinde una sensación de calma. Observa los detalles de este lugar: los colores, las texturas, los sonidos suaves.

Imagina que estás caminando por este lugar, sintiendo cómo cada paso te lleva más profundamente a la relajación. Siente cómo te envuelve la serenidad y la armonía de este entorno. Permita que tu mente se aquiete y se sumerja en la belleza y la paz de este lugar.

Permanece en este lugar de relajación durante unos minutos, permitiendo que la sensación de paz y calma se arraigue profundamente en tu ser. Disfruta del silencio y la tranquilidad que te rodea.

Cuando estés listo(a) para finalizar la meditación, lleva tu atención de nuevo a tu cuerpo. Siente la relajación y la ligereza que se han extendido por todo tu ser. Agradece este tiempo de profunda relajación y reconoce la importancia de cuidar de ti mismo(a) a través de estas prácticas de meditación.

Toma una respiración profunda y, al exhalar, suelta cualquier tensión restante. Gradualmente, abre los ojos y permítete llevar la sensación de relajación profunda contigo a lo largo de tu día.

Recuerda que siempre puedes regresar a esta meditación para encontrar un momento de relajación y calma en cualquier momento que lo necesites. Que la paz y la serenidad te acompañen en cada paso de tu camino.

03 MEDITACION DE ATENCION PLENA EN LA RESPIRACION.

Bienvenido(a) a esta meditación guiada de atención plena en la respiración. Te invito a encontrar un espacio tranquilo y sereno donde puedas sumergirte en esta práctica con total comodidad y sin distracciones. Busca un lugar que te conecte con la naturaleza, como un rincón en tu jardín, junto a un árbol, o incluso en el interior de tu hogar, donde puedas sentir la paz y la calma que emana de tu entorno.

Siéntate en una postura que te permita mantener tu espalda erguida pero relajada, ya sea en el suelo con las piernas cruzadas en posición de loto o simplemente sentado(a) en una silla con los pies apoyados en el suelo. Asegúrate de que tu cuerpo esté en una posición cómoda y equilibrada, permitiendo que la energía fluya con facilidad. Puedes colocar las manos sobre tus piernas, con las palmas hacia arriba o hacia abajo, según lo que te haga sentir más conectado(a) en este momento.

Antes de comenzar, tómate unos momentos para ajustar tu respiración de forma natural. Lleva tu atención a la sensación de la respiración, observando cómo el aire entra y sale de tu cuerpo. No intentes controlarla, simplemente sé consciente de ella. Siente cómo el aire fresco ingresa a tus pulmones, llenándote de energía vital, y cómo al exhalar, liberamos cualquier tensión o preocupación.

Ahora, enfoquemos nuestra atención en el punto de entrada y salida del aire. Puedes elegir un punto específico, como la nariz, el pecho o el abdomen. Siéntete libre de seleccionar el que te resulte más cómodo. Permítete sentir la sensación del aire al inhalar, llenando tus pulmones, y al exhalar, soltando cualquier tensión o estrés acumulado. Deja que esta conexión con la respiración te ancle en el presente.

A medida que avanzamos, es normal que surjan pensamientos o distracciones. Cuando esto ocurra, no te juzgues, simplemente reconoce gentilmente el pensamiento y suéltalo, volviendo tu atención a la respiración. Imagina que tus pensamientos fluyen como nubes en el cielo, mientras tu mente vuelve a su enfoque en la respiración. Siente cómo te vuelves más consciente de tu cuerpo y tu mente en este instante presente.

La respiración es un puente hacia el momento presente, y a través de ella, podemos encontrar un refugio en cualquier momento del día. Cada inhalación y exhalación nos invita a un espacio de paz y serenidad interior. Es un recordatorio constante de que siempre podemos regresar a nuestra esencia, a la calma y a la conexión con nuestro ser más profundo.

Mantén esta atención plena en tu respiración durante unos minutos. Si tu mente se siente inquieta, no te preocupes. La práctica de la meditación es un proceso, y cada sesión es valiosa, independientemente de cómo te sientas. Permítete ser amable contigo mismo(a) en este proceso de autodescubrimiento y autocompasión.

Cuando estés listo(a) para finalizar, lleva tu atención nuevamente a tu entorno y siente cómo tu cuerpo se conecta con el espacio que te rodea. Toma una respiración profunda y abre suavemente los ojos. Lleva contigo esta sensación de paz y bienestar a lo largo de tu día.

Te invito a regresar a esta meditación de atención plena en la respiración siempre que lo desees. Es una herramienta poderosa para calmar la mente, encontrar claridad mental y conectarte con la calma que reside dentro de ti. Recuerda que no hay un orden específico para realizar las meditaciones de este libro; puedes elegir aquella que resuene más contigo en cada momento, según tus necesidades y deseos.

Que esta práctica te brinde una mayor conciencia y una conexión más profunda contigo mismo(a). Que te ayude a cultivar la paz interior, la serenidad y la alegría en tu vida diaria.

04 MEDITACION PARA CALMAR LA ANSIEDAD.

Encuentra un espacio tranquilo y cómodo donde puedas sentarte o recostarte sin distracciones. Busca un lugar donde te sientas en paz y puedas relajarte por completo.

Asegúrate de que tu cuerpo esté en una posición cómoda y equilibrada. Siéntate o recuéstate de forma que te permita sentirte completamente relajado(a) y en sintonía con tu cuerpo.

Cierra suavemente los ojos y lleva tu atención hacia tu respiración. Permítete observar cómo el aire entra y sale de tu cuerpo de forma natural, sin forzar ni controlar el ritmo de tu respiración.

Imagina que cada inhalación es una oportunidad para inhalar calma y serenidad, y cada exhalación es una oportunidad para liberar cualquier ansiedad o tensión que puedas sentir. Visualiza cómo inhalas una luz suave y relajante que se expande por todo tu cuerpo, disolviendo cualquier sensación de malestar o inquietud.

Con cada exhalación, suelta suavemente cualquier pensamiento o preocupación que pueda estar contribuyendo a tu ansiedad. Visualiza cómo estos pensamientos se desvanecen en el espacio, creando espacio para la paz y la tranquilidad en tu mente.

Lleva tu atención a tu cuerpo. Observa las sensaciones físicas que puedas experimentar en este momento. Permítete sentir cualquier tensión, incomodidad o sensación de ansiedad que pueda estar presente en tu cuerpo.

A medida que te enfocas en estas sensaciones, envía amor y compasión a cada parte de tu cuerpo. Imagina que la luz suave y relajante que inhalaste se dirige hacia las áreas de tu cuerpo donde sientes ansiedad, disolviendo suavemente la tensión y liberando cualquier malestar físico.

Con cada exhalación, siente cómo la ansiedad y la preocupación se alejan más y más, permitiendo que tu cuerpo se relaje y se vuelva más ligero.

Ahora, lleva tu atención a tu mente. Observa los pensamientos que puedan surgir en tu conciencia. Permítete observarlos sin juzgarlos y déjalos pasar como nubes en el cielo. Recuerda que tus pensamientos no te definen y que tienes el poder de elegir cuáles atender y cuáles dejar ir.

Imagina que estás sentado(a) en un hermoso jardín lleno de paz y tranquilidad. Visualiza cómo tus pensamientos fluyen suavemente por tu mente, alejándose de ti y desvaneciéndose entre las flores y los árboles. Siente cómo tu mente se aquieta y se vuelve más tranquila a medida que te sumerges en la serenidad del entorno.

Enfócate en el presente, en las sensaciones de tu cuerpo y en la calma de tu respiración. Permítete estar completamente presente en este momento, sin preocuparte por el pasado o el futuro. Siente cómo la calma y la serenidad llenan tu ser y se expanden a tu alrededor.

Permanece en este estado de calma y serenidad durante unos minutos, permitiendo que la sensación de alivio y liberación se arraigue profundamente en tu ser. Disfruta de la sensación de paz interior que te rodea.

Cuando estés listo(a) para finalizar la meditación, lleva tu atención de nuevo a tu cuerpo. Siente la relajación y la ligereza que se han extendido por todo tu ser. Agradece a ti mismo(a) por este tiempo dedicado a tu bienestar emocional y mental.

Abre suavemente los ojos y lleva contigo la sensación de calma y tranquilidad a lo largo de tu día. Recuerda que siempre puedes regresar a esta meditación cuando necesites calmar la ansiedad y encontrar paz interior.

Confía en que tienes dentro de ti la capacidad de encontrar la calma en cualquier momento. Que encuentres paz y serenidad en cada paso de tu camino.

05 MEDITACION PARA LA AUTOEXPLORACION.

Entra suavemente en el espacio de tu ser interior, permitiendo que cada respiración te lleve a un lugar de autoexploración y autoconocimiento. No hay prisa, solo existe este momento presente para conectarte contigo mismo(a) de manera profunda y significativa.

Imagina que te encuentras en un hermoso jardín, lleno de colores y aromas exquisitos. Este jardín es una representación de tu ser interior, un espacio sagrado donde puedes explorar todas las facetas de ti mismo(a) con curiosidad y apertura.

Siente cómo la calma y la paz te envuelven, creando un ambiente propicio para la autoexploración. Cada planta y flor en este jardín representa un aspecto diferente de tu ser: tus pensamientos, tus emociones, tus deseos y tus miedos.

Conecta con la tierra debajo de tus pies, permitiendo que te conecte con tu propia raíz y fundamento. Desde esta base sólida, comienza a explorar tus pensamientos. No te juzgues por ellos, simplemente obsérvalos como si fueran nubes flotando en el cielo de tu mente.

Ahora, dirige tu atención a tus emociones. Siente cómo fluyen a través de ti, como el agua de un arroyo. Permíteles expresarse sin juicio ni resistencia. Acepta cada emoción como un mensajero valioso que te guía hacia una mayor comprensión de ti mismo(a).

Observa los colores y matices en este jardín emocional. Algunas flores pueden estar en plena floración, mientras que otras necesitan un poco más de atención y cuidado. No te apresures en cambiar nada, simplemente sé testigo de la diversidad de tu mundo emocional.

Continúa tu exploración adentrándote en tus deseos y aspiraciones más genuinas. ¿Qué es lo que realmente anhelas en la vida? Escucha la voz de tu corazón y permítele guiarte hacia un mayor alineamiento con tu propósito.

Si te encuentras con pensamientos o emociones

que te generan incomodidad, acógelas con amor y compasión. Recuerda que son parte de tu experiencia humana y que puedes aprender de ellas.

A medida que sigues recorriendo este jardín interior, date cuenta de que cada rincón tiene su belleza y su significado. Cada pensamiento, emoción y deseo te ayuda a comprenderte mejor y a crecer como ser humano.

Cuando estés listo(a) para finalizar la meditación, lleva contigo la sensación de autoconocimiento y autoaceptación. Saborea este momento de conexión contigo mismo(a) y recuerda que siempre puedes volver a este jardín interior cuando desees explorar más sobre ti mismo(a).

Abre suavemente los ojos y lleva contigo la claridad y la comprensión que has encontrado en esta meditación.

Que esta práctica de autoexploración te ayude a vivir con autenticidad y a abrazar todas las facetas de tu ser con amor y compasión.

Que te permita cultivar una relación profunda y significativa contigo mismo(a) y con el mundo que te rodea. Que esta conexión contigo mismo(a) te guíe hacia una vida más plena y consciente.

06 MEDITACION PARA CULTIVAR LA GRATITUD.

Comienza por encontrar un lugar tranquilo y cómodo donde puedas sentarte o recostarte sin distracciones. Asegúrate de que tu cuerpo esté en una posición relajada y en equilibrio.

Cierra suavemente los ojos y lleva tu atención hacia tu respiración. Siente cómo el aire entra y sale de tu cuerpo de forma natural, sin forzar ni controlar el ritmo de tu respiración. Permite que tu respiración se vuelva más profunda y relajada con cada inhalación y exhalación.

Lleva tu atención a tu corazón y siente cómo se expande con cada latido. Permítete conectar con la energía de la gratitud que reside en tu corazón y se extiende por todo tu ser.

Ahora, lleva tu atención a tu mente y comienza a recordar todas las cosas por las que te sientes agradecido(a). Toma un momento para reflexionar sobre los aspectos de tu vida que te inspiran gratitud. Pueden ser personas, experiencias, logros, momentos de felicidad, cualidades personales o cualquier otra cosa que te traiga una sensación de agradecimiento.

Visualiza cada uno de estos aspectos con detalle y claridad. Siente cómo la gratitud fluye desde tu corazón hacia estos elementos de tu vida. Permítete experimentar plenamente la emoción de la gratitud y deja que se expanda por todo tu ser.

Agradece por tu cuerpo físico, por todas las funciones que realiza y por permitirte experimentar la vida a través de tus sentidos. Siente gratitud por cada parte de tu cuerpo y envía amor y aprecio a cada órgano, cada músculo y cada célula.

Agradece por las personas que forman parte de tu vida. Piensa en tus seres queridos, tus amigos, tu familia y todas las conexiones significativas que has establecido. Siente gratitud por el amor, el apoyo y la conexión que compartes con ellos. Envía amor y gratitud a cada una de estas personas.

Ahora, lleva tu atención a los momentos de alegría y felicidad que has experimentado. Recuerda los momentos en los que te has sentido vivo(a), lleno(a) de entusiasmo y gratitud. Siente cómo esos momentos han enriquecido tu vida y cómo la gratitud por ellos se expande en tu ser.

Continúa este proceso de recordar y agradecer por cada aspecto de tu vida que te inspire gratitud. Puedes enfocarte en áreas como tu hogar, tu trabajo, tus pasiones, la naturaleza, los logros personales o cualquier otro aspecto que te traiga una sensación de agradecimiento.

A medida que te sumerges más y más en la gratitud, siente cómo tu corazón se expande y se llena de amor y aprecio. Permítete sentir la conexión profunda con el flujo de la vida y con todo lo que te rodea. Siente cómo la gratitud te conecta con un sentido de abundancia y plenitud en el momento presente.

Mientras te sumerges en este estado de gratitud, visualiza cómo envías ondas de gratitud y amor al universo entero.

Siente cómo tu gratitud se expande y se convierte en una fuerza poderosa de amor y generosidad, irradiando hacia todas las personas y seres vivos.

Permanece en este estado de gratitud y aprecio durante unos minutos, permitiendo que la sensación de gratitud inunde todo tu ser y se arraigue en tu conciencia.

Cuando estés listo(a) para finalizar la meditación, lleva tu atención de nuevo a tu respiración.

Toma unas respiraciones profundas y conscientes, permitiendo que la energía de la gratitud se integre en cada célula de tu cuerpo.

Abre suavemente los ojos y lleva contigo la sensación de gratitud a lo largo de tu día.

Recuerda que siempre puedes regresar a esta meditación cuando necesites cultivar la gratitud y reconectar con la abundancia de la vida.

Que la gratitud sea una práctica constante en tu vida, nutriendo tu corazón y elevando tu espíritu. Que la gratitud te permita vivir con mayor alegría, amor y aprecio en cada momento.

07 MEDITACION PARA LA CREATIVIDAD.

Adéntrate con suavidad en el santuario de tu creatividad, donde las ideas y la inspiración aguardan para ser descubiertas. Permítete estar plenamente presente en este momento, dejando atrás cualquier distracción externa. Encuentra un lugar tranquilo y sereno donde puedas sumergirte en esta experiencia con total comodidad y sin interrupciones.

Cierra los ojos suavemente y comienza a respirar conscientemente, tomando inhalaciones profundas y exhalando suavemente. Siente cómo el aire entra en tu cuerpo, llenándote de vida y energía, y cómo al exhalar, liberas cualquier tensión o preocupación que puedas llevar contigo.

Imagina que estás rodeado(a) por una luz cálida y amorosa que te envuelve con su abrazo reconfortante. Esta luz es el reflejo de tu esencia creativa, una fuente inagotable de amor y sabiduría interior. Permítete sentir cómo esa luz ilumina cada rincón de tu ser, disipando cualquier sombra de duda o inseguridad.

Visualiza un espacio sagrado y mágico frente a ti, donde tu creatividad florece en su máximo esplendor. Puede ser un jardín exuberante, una pradera bañada por el sol o incluso un rincón especial en tu imaginación. Siente la conexión profunda con este lugar, y cómo la energía creativa fluye a tu alrededor, como una danza armoniosa de colores y formas.

En este santuario interior, eres libre de expresarte plenamente, sin juicios ni expectativas. Cada pensamiento, cada idea, es una chispa de tu creatividad única y preciosa. Permítete explorar sin límites, como un niño que juega con su imaginación sin restricciones.

Si en algún momento surgen pensamientos críticos o autocríticos, simplemente obsérvalos con amor y compasión. Recuerda que todos somos humanos y que parte de la creatividad implica aprender y crecer. Regresa siempre a la sensación cálida y amorosa de esa luz interior que te guía en esta travesía creativa.

Siente cómo cada inhalación infunde más vitalidad y amor en tus creaciones internas, y cómo cada exhalación libera cualquier bloqueo o temor que pueda haber estado presente. Tu respiración se convierte en el ritmo armónico de tu creatividad, un fluir constante de amor y autenticidad.

Cuando te sientas listo(a) para concluir esta meditación, hazlo con un gesto amoroso hacia ti mismo(a). Da las gracias a tu corazón creativo por esta experiencia llena de amor y descubrimiento. Lleva contigo la sensación de amor y gratitud, sabiendo que eres un ser creativo y valioso, lleno de infinitas posibilidades para crear belleza en el mundo.

Permítete recordar que la creatividad es un regalo divino que reside en lo más profundo de tu ser. Es una fuerza poderosa que puede transformar tu vida y la de quienes te rodean. A través de la práctica constante de la meditación y el cultivo de la conexión con tu esencia creativa, descubrirás que tus ideas y expresiones fluyen de manera natural y auténtica.

Cultivar la creatividad se trata de honrar tu voz

interna y dar vida a tus sueños. Cada acto creativo, grande o pequeño, es una manifestación de tu alma y un regalo que puedes compartir con el mundo. Valora cada chispa de inspiración que surge desde dentro de ti, y recuerda que cada creación tuya tiene el poder de tocar el corazón de otros y dejar una huella de amor.

En tus momentos de duda o inseguridad, regresa a esta meditación como un recordatorio amoroso de la conexión sagrada que tienes con tu creatividad. Permítete volver a este espacio de serenidad y confianza, donde puedes liberar cualquier temor o crítica. Desde este lugar de amor y aceptación, encontrarás la fuerza para seguir creando y explorando nuevas formas de expresión.

Agradece a ti mismo(a) por dedicar este tiempo a nutrir tu ser creativo. Que esta meditación te inspire a continuar cultivando la creatividad en tu vida diaria, explorando nuevas posibilidades y celebrando la belleza de tus creaciones. Eres un ser maravilloso y lleno de luz, y el mundo espera ansiosamente tus dones creativos.

08 MEDITACION PARA AUMENTAR LA AUTOESTIMA.

Comienza por encontrar un lugar tranquilo y cómodo donde puedas sentarte o recostarte sin distracciones. Asegúrate de que tu cuerpo esté en una posición relajada y en equilibrio.

Cierra suavemente los ojos y lleva tu atención hacia tu respiración. Toma conciencia de cada inhalación y exhalación, permitiendo que tu respiración se vuelva más profunda y relajada con cada ciclo.

Toma un momento para conectar con tu cuerpo. Siente la sensación de estar en tu cuerpo, la fuerza y vitalidad que fluye a través de ti. Reconoce que tu cuerpo es un templo sagrado que te alberga y te permite experimentar la vida.

Ahora, lleva tu atención a tu mente y comienza a cultivar pensamientos de amor y aprecio hacia ti mismo(a). Reconoce y valora tus cualidades únicas, tus talentos y habilidades.

Permítete reconocer tus logros y celebrar tus éxitos, tanto grandes como pequeños.

Visualiza una luz radiante que brilla desde tu interior, irradiando una profunda confianza y amor propio. Siente cómo esta luz te envuelve, llenándote de una sensación de valía y aceptación incondicional.

A medida que la luz se expande, permítete sentir cómo llega a cada célula de tu cuerpo, abrazando cada parte de tu ser. Siente cómo esta luz nutre y fortalece tu autoestima, disolviendo cualquier duda o autocrítica que puedas tener.

Imagina que estás de pie en un lugar hermoso y seguro, rodeado(a) de una naturaleza exuberante. Observa el paisaje que te rodea, los colores vibrantes, los sonidos suaves y tranquilos. Siente cómo este entorno te brinda una sensación de paz y serenidad.

A medida que te conectas con la belleza de la naturaleza, reconoce que tú también eres una manifestación única y hermosa de la vida.

Acepta que eres valioso(a) tal como eres, con todas tus fortalezas y debilidades.

Permítete afirmar tu amor propio y tu valía repitiendo afirmaciones positivas. Puedes decirte a ti mismo(a) frases como "Me amo y me acepto completamente", "Soy digno(a) de amor y respeto" o "Valoro y aprecio mi autenticidad".

Siente cómo estas palabras de afirmación resuenan en tu ser y se arraigan en tu corazón. Permite que las palabras y la luz radiante te envuelvan, generando una profunda sensación de amor propio y autoestima.

Imagina que te rodeas con un escudo de amor y confianza que te protege de cualquier influencia negativa o autocrítica. Visualiza este escudo brillante y poderoso que te rodea, llenándote de una sensación de seguridad y empoderamiento.

A medida que te sumerges más y más en este estado de amor propio, recuerda que mereces todas las cosas buenas en la vida. Confía en tus capacidades y en tu capacidad para enfrentar los desafíos. Siente cómo tu autoestima se fortalece y crece cada vez más.

Permanece en este estado de amor propio y autoestima durante unos minutos, permitiendo que la sensación de valía y aprecio por ti mismo(a) se arraigue profundamente en tu ser.

Cuando estés listo(a) para finalizar la meditación, lleva tu atención de nuevo a tu respiración. Toma unas respiraciones profundas y conscientes, permitiendo que la energía del amor propio se integre en cada célula de tu cuerpo.

Abre suavemente los ojos y lleva contigo la sensación de amor propio y autoestima a lo largo de tu día. Recuerda que siempre puedes regresar a esta meditación cuando necesites reforzar tu autoestima y cultivar un amor incondicional hacia ti mismo(a).

Que la práctica de cultivar el amor propio sea una constante en tu vida, nutriendo tu autoestima y permitiéndote brillar con confianza y autenticidad en cada paso de tu camino. Que la autoestima elevada te guíe hacia la vida plena y feliz que mereces vivir.

09 MEDITACION PARA LA MANIFESTACION DE METAS Y DESEOS.

Permíteme guiarte hacia un espacio sereno y acogedor, donde puedas sumergirte en esta meditación para cultivar la manifestación de tus metas y deseos más profundos. Siéntate o recuéstate en una posición que te permita estar relajado(a) y en equilibrio. Cierra los ojos suavemente y comienza a respirar conscientemente, tomando inhalaciones profundas y exhalando suavemente.

En este momento, adéntrate en el santuario de tu creatividad, donde las ideas y la inspiración aguardan para ser descubiertas. Permítete liberar cualquier tensión o preocupación que puedas tener, dejando espacio para la calma y la confianza en que tus metas y deseos están en proceso de materializarse.

Visualiza ahora tus metas y deseos de manera clara y vívida. Permíteles tomar forma en tu mente como si ya fueran una realidad. Siente cómo cada uno de tus deseos está imbuido de una energía vibrante y llena de posibilidades. Observa cómo cada pensamiento y emoción conecta con el universo, generando una poderosa sincronía para que tus sueños se materialicen.

Conecta con el flujo creativo que reside dentro de ti, como una corriente eterna de inspiración y sabiduría. Siente cómo esta energía se expande desde tu corazón, envolviendo cada célula de tu ser con la certeza y la determinación para hacer realidad tus aspiraciones. Reconoce que eres un co-creador de tu destino y que tienes el poder de manifestar tus sueños en el mundo físico.

Ahora, imagina que envías tus metas y deseos al universo con amor y gratitud. Siente cómo esta energía fluye y se funde con la energía universal, creando una conexión sagrada y poderosa. Confía en que el universo está conspirando a tu favor, alineando los elementos para que tus sueños se manifiesten en el momento y la forma perfecta.

Mantén la sensación de gratitud y certeza a medida que visualizas cada paso hacia la realización de tus metas. Visualízate enfrentando y superando desafíos con confianza y determinación. Si surgen dudas o inseguridades, obsérvalas con compasión y suéltalas con amor. Confía en que cada paso que das te acerca más a la materialización de tus deseos.

A medida que continúas conectado(a) con tus metas y deseos, permite que la emoción positiva te inunde. Siente la alegría y el entusiasmo de saber que tus sueños están tomando forma y que estás en sintonía con el poder creativo del universo. Deja que esta emoción positiva te impulse hacia adelante y te motive a tomar acción para hacer realidad tus deseos.

Recuerda que no hay un orden específico para realizar estas meditaciones. Puedes elegir la que más resuene contigo en el momento presente, o incluso puedes alternar entre ellas según tus necesidades y deseos. Cada meditación te ofrece una oportunidad amorosa de explorar diferentes aspectos de ti mismo(a) y de tu conexión con la creatividad que hay en ti.

Cuando te sientas listo(a) para concluir esta meditación, hazlo con un gesto amoroso hacia ti mismo(a). Da las gracias a tu corazón creativo por esta experiencia llena de amor y descubrimiento.

Lleva contigo la sensación de amor y gratitud, sabiendo que eres un ser creativo y valioso, lleno de infinitas posibilidades para crear belleza en el mundo.

Recuerda que esta meditación te ofrece una oportunidad amorosa de explorar tus deseos más profundos y de conectar con el poder de tu creatividad para manifestarlos en tu vida. Puedes regresar a ella siempre que lo desees, nutriendo tu conexión con la manifestación de tus metas y deseos a medida que avanzas en tu camino.

10 MEDITACION PARA LIBERAR EL ESTRES.

Comienza por encontrar un lugar tranquilo y cómodo donde puedas sentarte o recostarte sin distracciones. Asegúrate de que tu cuerpo esté en una posición relajada y en equilibrio.

Cierra suavemente los ojos y lleva tu atención hacia tu respiración. Siente cómo el aire entra y sale de tu cuerpo, y permite que tu respiración se vuelva más profunda y relajada con cada inhalación y exhalación.

Imagina que estás en un hermoso jardín, rodeado(a) de flores de colores vibrantes y aromas suaves. Siente cómo el aire fresco acaricia tu piel y cómo la energía rejuvenecedora de la naturaleza te envuelve.

Observa cómo en el centro del jardín hay un estanque sereno con agua cristalina. Visualiza cómo te acercas al estanque y te sientas junto a él. Siente la suavidad y frescura de la hierba bajo tus pies.

Coloca tus manos suavemente en tu regazo y cierra los ojos.

Lleva tu atención a tu cuerpo y observa cualquier sensación de tensión o incomodidad. Con cada exhalación, suelta suavemente cualquier tensión que puedas sentir, permitiendo que se disuelva en el aire.

Ahora, lleva tu atención a tu mente y toma conciencia de los pensamientos y preocupaciones que pueden estar causando estrés. Permítete reconocerlos sin juzgarlos y luego déjalos ir, como hojas flotando en el estanque.

Imagina que estás sumergiendo tus pies en el agua fresca del estanque. Siente cómo la frescura del agua sube lentamente por tus piernas, disipando cualquier tensión o estrés acumulado. Siente cómo el agua te limpia y te libera de cualquier preocupación o carga emocional.

A medida que te sumerges más y más en el agua del estanque, siente cómo el estrés y las preocupaciones se desvanecen. Observa cómo la superficie del agua se vuelve tranquila y serena, reflejando la paz que se encuentra en tu interior.

Permítete sumergir tu cuerpo completo en el agua, sintiendo cómo todo el estrés y la tensión se disuelven. Siente cómo el agua abraza cada parte de tu ser, llevándote a un estado de relajación profunda y liberación total.

En este estado de relajación, lleva tu atención a tu respiración una vez más. Siente cómo tu respiración se ha vuelto más lenta y profunda, como las suaves olas del estanque que te rodean.

A medida que respiras, visualiza cómo el agua del estanque se convierte en una luz cálida y sanadora. Siente cómo esta luz penetra en cada célula de tu cuerpo, disolviendo cualquier resto de tensión y trayendo una sensación de calma y bienestar.

Disfruta de este momento de paz y serenidad en el estanque. Permítete descansar en este lugar sagrado, sintiendo cómo cada parte de tu ser se renueva y se revitaliza.

Cuando estés listo(a) para finalizar la meditación, lleva tu atención de nuevo a tu respiración.

Toma unas respiraciones profundas y conscientes, permitiendo que la energía del estanque y la relajación se integren en cada célula de tu cuerpo.

Abre suavemente los ojos y lleva contigo la sensación de paz y liberación a lo largo de tu día. Recuerda que siempre puedes regresar a este hermoso jardín y al estanque de relajación cuando necesites liberar el estrés y encontrar paz interior.

Que esta meditación te brinde una profunda liberación del estrés y una conexión con tu ser interior. Que encuentres la paz y la serenidad que necesitas para enfrentar los desafíos de la vida con calma y confianza

11 MEDITACION PARA LA RELAJACION MUSCULAR.

Cierra los ojos suavemente y deja que tu cuerpo se hunda en un estado de relajación profunda. Encuentra un lugar sereno donde puedas sentirte cómodo(a) y libre de distracciones. Siéntate o recuéstate en una posición que te permita liberar toda tensión y encontrar equilibrio.

Comienza a respirar conscientemente, tomando inhalaciones profundas y exhalando suavemente. Con cada respiración, siente cómo la energía fluye por todo tu cuerpo, llevando consigo una sensación de calma y bienestar.

Imagina que una luz suave y cálida envuelve todo tu ser, disipando cualquier preocupación o estrés acumulado. Siente cómo esa luz te abraza y te brinda una profunda sensación de paz.

Ahora, lleva tu atención a tus pies. Siente cómo la relajación se apodera de cada dedo, de cada músculo, permitiendo que tus pies se sientan livianos y libres de tensión.

Continúa ascendiendo, llevando la relajación a tus piernas y rodillas. Siente cómo la suavidad se extiende por tus muslos, liberando cualquier rigidez y permitiendo que tus piernas se relajen por completo.

Lleva la atención a tu zona lumbar y espalda. Imagina cómo cada vértebra se descomprime y cómo la tensión se disuelve, dejando lugar a una sensación de ligereza y alivio.

Ahora, enfoca tu atención en tus brazos y manos. Siente cómo tus hombros se relajan, permitiendo que tus brazos se sientan livianos y tranquilos.

Dirige tu atención a tu cuello y cabeza. Siente cómo los músculos faciales se sueltan, cómo la mandíbula se relaja, y cómo tu mente se libera de cualquier preocupación.

En este estado de profunda relajación muscular, toma un momento para conectar con tu respiración y con el latir de tu corazón.

Siente cómo tu cuerpo y tu mente están en perfecta armonía.

Visualiza ahora un hermoso jardín en tu interior, lleno de paz y serenidad. Puedes pasear por este jardín, sintiendo cómo cada paso es ligero y sin esfuerzo.

A medida que te desplazas por el jardín, observa cómo las flores están en plena floración y cómo los árboles se balancean suavemente con la brisa. Siente cómo la naturaleza te abraza con su belleza y tranquilidad.

En este espacio sagrado de relajación y conexión con la naturaleza, siéntete libre para liberar cualquier tensión residual. Permítete soltar todas las preocupaciones y permitir que la calma te envuelva por completo.

Permanece aquí en este jardín interior todo el tiempo que desees, sumergiéndote en la belleza y paz que ofrece. Siente cómo esta relajación se arraiga en lo más profundo de tu ser, dejando lugar a una sensación de equilibrio y bienestar.

Cuando te sientas listo(a) para regresar, hazlo suavemente, llevando contigo esta sensación de calma y equilibrio. Abre los ojos lentamente y observa el mundo a tu alrededor con una nueva claridad y serenidad.

Que esta meditación te ayude a cultivar una profunda relajación muscular y a nutrir tu bienestar emocional. Que cada día sea una oportunidad para disfrutar de momentos de auténtica calma y conexión con tu ser interior.

Que puedas llevar esta sensación de equilibrio y serenidad contigo a lo largo de tu día, enfrentando cualquier desafío con tranquilidad y confianza.

12 MEDITACION PARA LA CLARIDAD MENTAL.

Comienza por encontrar un lugar tranquilo y cómodo donde puedas sentarte o recostarte sin distracciones. Asegúrate de que tu cuerpo esté en una posición relajada y en equilibrio.

Cierra suavemente los ojos y lleva tu atención hacia tu respiración. Siente cómo el aire entra y sale de tu cuerpo, permitiendo que tu respiración se vuelva más profunda y relajada con cada inhalación y exhalación.

Imagina que estás en medio de un bosque encantado, rodeado(a) de árboles majestuosos y una suave luz solar que se filtra entre las hojas. Siente la tranquilidad y la serenidad que emana de este entorno mágico.

Observa cómo un arroyo cristalino serpentea a través del bosque, llevando consigo cualquier tensión o preocupación. Siente cómo la frescura del agua renueva tu mente y te brinda una sensación de renovación y claridad.

Lleva tu atención a tu mente y toma conciencia de los pensamientos que puedan estar nublando tu claridad mental. Permítete observar estos pensamientos sin aferrarte a ellos, permitiéndoles disolverse suavemente en el flujo del arroyo.

A medida que los pensamientos se desvanecen, visualiza cómo la luz solar se intensifica, iluminando tu mente y disipando cualquier niebla mental que pueda estar presente. Siente cómo tu mente se aclara y se vuelve más alerta.

Permítete soltar cualquier preocupación o tensión que pueda estar afectando tu claridad mental. Siente cómo el arroyo lleva consigo cualquier estrés o preocupación, liberándote de cualquier carga innecesaria y creando espacio para una mente clara y serena.

En este espacio de tranquilidad, lleva tu atención a tu respiración. Siente cómo la inhalación trae consigo una energía revitalizante y cómo la exhalación libera cualquier tensión o pensamiento innecesario.

A medida que respiras conscientemente, visualiza cómo la luz solar llena cada rincón de tu mente, eliminando cualquier nube mental y aportando una claridad brillante. Siente cómo tu mente se expande y se vuelve más receptiva y clara.

Permítete descansar en este estado de claridad y paz mental. Siente cómo la calma y la serenidad te envuelven, permitiéndote ver con mayor nitidez y comprensión.

Disfruta de este momento de claridad y conexión con tu ser interior. Permítete sentir cómo cada célula de tu cuerpo se llena de una energía clara y vibrante.

Cuando estés listo(a) para finalizar la meditación, lleva tu atención de nuevo a tu respiración. Toma unas respiraciones profundas y conscientes, permitiendo que la energía de la claridad mental se integre en cada célula de tu cuerpo.

Abre suavemente los ojos y lleva contigo la sensación de claridad y paz mental a lo largo de tu día.

Recuerda que siempre puedes regresar a esta meditación cuando necesites despejar tu mente y encontrar una mayor claridad interior.

Que esta meditación te brinde una profunda claridad mental y una conexión más clara con tu sabiduría interior. Que te permita ver con claridad y tomar decisiones desde un lugar de serenidad y comprensión. Que la claridad mental sea tu guía en tu camino hacia la plenitud y el crecimiento.

13 MEDITACION PARA LA GESTION DEL TIEMPO.

Bienvenido(a) a esta meditación guiada para una gestión consciente y armoniosa del tiempo. Te invito a encontrar un lugar tranquilo y cómodo donde puedas sentarte o recostarte sin distracciones. Asegúrate de que tu cuerpo esté en una posición relajada y equilibrada. Cierra los ojos suavemente y comienza a respirar profundamente, permitiendo que la calma invada cada célula de tu ser.

Imagina que te encuentras en un oasis de serenidad, un lugar donde el tiempo se detiene y solo existe el presente. En este espacio sagrado, puedes liberarte de la prisa y las preocupaciones cotidianas.

Observa cómo cada inhalación te llena de energía renovada y cada exhalación te libera de la tensión acumulada. Siente cómo el ritmo de tu respiración te conecta con el flujo natural del tiempo, donde cada momento es valioso y significativo.

Visualiza un reloj dorado que flota frente a ti, simbolizando el tiempo que tienes a tu disposición. Observa cómo sus manecillas avanzan con gracia, recordándote que el tiempo es un recurso precioso y limitado.

En este espacio de autodescubrimiento, permíteles a tus pensamientos fluir sin juicio. Observa cómo las preocupaciones sobre el pasado y el futuro se disuelven, permitiéndote estar plenamente presente en el ahora.

Ahora, piensa en tus responsabilidades y compromisos diarios. ¿Qué actividades y tareas son verdaderamente esenciales en tu vida? Toma un momento para reflexionar sobre tus prioridades y cómo deseas invertir tu tiempo.

Siente cómo te empoderas para decir "sí" a lo que te nutre y te inspira, y a decir "no" con amor y compasión a lo que te aleja de tus metas y propósitos.

Imagina que tienes el poder de ajustar la velocidad del reloj dorado. Si sientes que el tiempo avanza demasiado rápido, tómate un momento para ralentizarlo. Permítete disfrutar de cada momento y estar completamente presente en lo que estás haciendo.

Por otro lado, si sientes que el tiempo se arrastra y estás atrapado(a) en la procrastinación o la indecisión, aumenta la velocidad del reloj para encontrar el impulso necesario para avanzar en tus tareas y proyectos.

Respira profundamente y siente cómo el flujo del tiempo se sincroniza con tu ritmo natural. Disfruta del presente sin preocuparte por el pasado o el futuro.

En este oasis interior de sabiduría, imagina cómo planificas tu día con claridad y propósito. Visualiza cómo estableces horarios realistas y flexibles que te permiten equilibrar tus responsabilidades con momentos de descanso y autocuidado.

Siente cómo el tiempo se convierte en tu aliado, brindándote oportunidades para crecer, aprender y disfrutar plenamente de la vida.

A medida que esta meditación llega a su fin, lleva contigo la sensación de calma y claridad que has cultivado. Recuerda que siempre puedes regresar a este oasis interior para encontrar paz y dirección en tu relación con el tiempo.

Abre suavemente los ojos y da un agradecimiento por este momento dedicado a nutrir tu relación con el tiempo. Que esta práctica te ayude a vivir cada día con mayor consciencia y armonía, aprovechando cada instante como un regalo precioso en el viaje de la vida. Que puedas encontrar equilibrio y satisfacción en tu gestión del tiempo y disfrutar de una vida plena y significativa.

14 MEDITACION PARA LA COMPASION HACIA UNO MISMO.

Comienza por encontrar un lugar tranquilo y cómodo donde puedas sentarte o recostarte sin distracciones. Asegúrate de que tu cuerpo esté en una posición relajada y en equilibrio.

Cierra suavemente los ojos y lleva tu atención hacia tu respiración. Siente cómo el aire entra y sale de tu cuerpo, permitiendo que tu respiración se vuelva más profunda y relajada con cada inhalación y exhalación.

Imagina que estás en un hermoso jardín, rodeado(a) de flores de colores vibrantes y una suave brisa que acaricia tu piel. Siente cómo la paz y la serenidad del entorno te envuelven.

Lleva tu atención a tu corazón y conecta con el latido cálido y amoroso que reside en tu interior. Siente cómo cada latido te recuerda tu capacidad innata para amarte a ti mismo(a) y ser compasivo(a) contigo mismo(a).

Permítete reconocer cualquier dolor, sufrimiento o autocrítica que puedas estar llevando contigo. Observa estos sentimientos con amabilidad y comprensión, sin juzgarte ni criticarte.

Imagina que estás sosteniendo tu corazón en tus manos, sintiendo su peso y su energía amorosa. Siente cómo el calor de tus manos y el amor que emana de tu ser envuelven y sanan cualquier herida o autoexigencia.

Desde lo más profundo de tu ser, envía amor y compasión hacia tu propio corazón. Visualiza cómo una luz brillante y cálida se extiende desde tu corazón hacia todo tu cuerpo, envolviéndote en una aura amorosa y compasiva.

Habla suavemente contigo mismo(a) y recítate palabras de amor y compasión. Puedes decirte a ti mismo(a) frases como: "Me amo y me acepto incondicionalmente", "Soy merecedor(a) de amor y bondad", "Me permito ser compasivo(a) conmigo mismo(a)".

Visualiza cómo esta luz amorosa y compasiva se expande más allá de tu propio cuerpo, irradiando hacia el universo. Siente cómo te conectas con el flujo de compasión universal y cómo eres parte de una red de amor que abraza a todos los seres.

En este estado de compasión hacia ti mismo(a), lleva tu atención a tu respiración una vez más. Siente cómo la inhalación trae consigo amor y compasión, y cómo la exhalación libera cualquier resistencia o tensión.

Permítete descansar en este estado de compasión y amor incondicional durante unos minutos, permitiendo que la sensación de aceptación y bondad se arraigue profundamente en tu ser.

Cuando estés listo(a) para finalizar la meditación, lleva tu atención de nuevo a tu respiración. Toma unas respiraciones profundas y conscientes, permitiendo que la energía de la compasión se integre en cada célula de tu cuerpo.

Abre suavemente los ojos y lleva contigo la sensación de amor y compasión hacia ti mismo(a) a lo largo de tu día. Recuerda que siempre puedes regresar a esta meditación cuando necesites recordarte a ti mismo(a) la importancia de cultivar la compasión hacia ti mismo(a).

Que esta meditación te brinde una profunda conexión con la compasión hacia ti mismo(a). Que te permita nutrirte con amor y aceptación incondicional, cultivando una relación amorosa contigo mismo(a) que se irradie hacia los demás y hacia el mundo. Que encuentres en la compasión hacia ti mismo(a) un camino de sanación y crecimiento interior.

15 MEDITACION PARA LA CONCENTRACION EN EL TRABAJO.

En este momento, te invito a sumergirte en una meditación guiada para mejorar tu concentración en el trabajo. Encuentra un espacio tranquilo y cómodo donde puedas sentarte o recostarte sin distracciones. Asegúrate de que tu cuerpo esté en una posición relajada y en equilibrio. Cierra suavemente los ojos y comienza a respirar profundamente.

Siente cómo el aire entra en tus pulmones, llenándote de energía y claridad. Con cada exhalación, libera cualquier tensión o distracción que puedas estar sintiendo.

Visualiza un espacio interior sereno y tranquilo, diseñado especialmente para potenciar tu concentración en el trabajo. Puedes imaginarlo como una oficina en la naturaleza, rodeada de árboles y con una suave brisa que te acaricia.

A medida que te sumerges en este espacio,

siente cómo tu mente se calma y las preocupaciones se disipan. Aquí, en este santuario de concentración, puedes encontrar una paz interior que te permitirá enfocarte plenamente en tus tareas.

Imagina una luz brillante y centrada en el centro de tu mente. Esta luz representa tu enfoque y atención. Con cada respiración, siente cómo esta luz se expande, llenando todo tu ser con una sensación de determinación y presencia.

Visualiza tus tareas y responsabilidades flotando frente a ti, como hojas en el viento. Tómate un momento para observar cada tarea y asignarle prioridad, enfocándote en una tarea a la vez.

Mantén tu atención en la tarea seleccionada, permitiendo que la luz de tu enfoque brille sobre ella. Siente cómo te sumerges completamente en la tarea, dejando de lado cualquier distracción externa.

Si en algún momento notas que tu mente comienza a divagar, no te preocupes.

Reconoce gentilmente esos pensamientos y, como si fueran hojas en el viento, déjalos ir para volver a centrarte en tu tarea.

Recuerda que la concentración es como un músculo que se fortalece con la práctica. Cada vez que te enfoques en tu trabajo con determinación y presencia, estarás cultivando esa habilidad para enfocarte más fácilmente en el futuro.

Siente cómo el tiempo fluye sin esfuerzo mientras te sumerges en tus tareas con un enfoque claro y decidido. Siente cómo cada pequeño paso que das te acerca más a tus objetivos y te permite lograr un trabajo de calidad y satisfacción.

A medida que esta meditación llega a su fin, siente cómo la luz de tu enfoque brilla intensamente dentro de ti. Lleva contigo esta sensación de concentración y claridad a lo largo de tu día laboral.

Conecta con el poder de tu respiración y la calma interior que has encontrado. Permítele a esa paz guiar tus acciones y decisiones mientras avanzas en tus labores con propósito y enfoque.

Cuando estés listo(a), abre suavemente los ojos y regresa al entorno que te rodea, sintiéndote renovado(a) y con una nueva perspectiva sobre tu trabajo.

Que esta meditación te ayude a cultivar una concentración profunda y sostenida en tu trabajo diario. Que puedas disfrutar de un enfoque claro y productivo mientras te enfrentas a tus tareas con determinación y presencia. Que esta práctica te brinde el equilibrio necesario para prosperar en tu entorno laboral y encontrar satisfacción en cada paso de tu camino profesional. Permitiendo que esta sensación de concentración se expanda en cada aspecto de tu vida, llevándote a experimentar la plenitud y satisfacción en todo lo que haces. Que cada día, puedas nutrir y fortalecer esta habilidad para mantener la concentración y la calma, permitiéndote enfrentar los desafíos laborales con confianza y eficacia.

Que esta meditación se convierta en una poderosa herramienta para ti, guiándote hacia un enfoque profundo y pleno, y permitiéndote alcanzar tus metas y aspiraciones con facilidad y gracia. Conectando contigo mismo(a) en un nivel más profundo y sincero, y permitiéndote tomar decisiones con claridad y sabiduría. Que cada vez que practiques esta meditación, encuentres una renovada sensación de equilibrio y bienestar en tu vida laboral y personal.

16 MEDITACION PARA LA LIBERACION DE SENTIMIENTOS.

Con dulzura y compasión, te invito a embarcarte en una meditación para la liberación de pensamientos. Encuentra un espacio tranquilo y sereno donde puedas sentirte cómodo(a) y libre de distracciones. Puedes elegir sentarte en una postura que te permita estar en equilibrio, ya sea con las piernas cruzadas en el suelo o en una silla con los pies apoyados en el suelo, manteniendo la espalda recta pero relajada.

Cierra los ojos suavemente y comienza a respirar conscientemente, tomando inhalaciones profundas y exhalando suavemente. Siente cómo el aire entra en tus pulmones, nutriéndote con vida, y cómo la exhalación libera cualquier tensión o preocupación que puedas llevar contigo.

En este espacio de calma, obsérvalos pensamientos que vienen y van, como nubes flotando en el cielo. No te aferres a ellos ni los juzgues, simplemente permíteles existir sin involucrarte emocionalmente con ellos.

Imagina que estás sentado(a) en la orilla de un tranquilo río, donde los pensamientos son como hojas flotando en la corriente. Observa cómo aparecen, se deslizan suavemente ante ti y luego se alejan. Deja que los pensamientos fluyan sin resistencia, sabiendo que tienes el poder de permitir que sigan su curso.

Si te encuentras atrapado(a) en un pensamiento recurrente, no te preocupes. Imagina que cada vez que surja ese pensamiento, lo colocas suavemente en una hoja y lo dejas ir, permitiendo que sea llevado por la corriente del río. No necesitas aferrarte a ningún pensamiento, ni siquiera a los que parecen más importantes o significativos.

Con cada exhalación, libera cualquier apego a los pensamientos y permite que tu mente se serene cada vez más. Si algún pensamiento persiste, no te sientas frustrado(a). Acepta que es normal que la mente genere pensamientos constantemente, y que no es necesario luchar contra ellos.

Imagina que tu mente es como un cielo azul y despejado, y los pensamientos son como nubes que vienen y van. Tú eres el cielo sereno que observa sin apegos, sin dejarse llevar por las nubes que pasan.

Continúa respirando suavemente, sumergiéndote cada vez más en este estado de liberación y calma. Siéntete ligero(a) y en paz al dejar ir los pensamientos, confiando en que la mente puede ser tranquila y clara.

En este espacio de liberación, recuerda que eres más que tus pensamientos. Eres un ser consciente y amoroso, capaz de observar los pensamientos sin ser controlado(a) por ellos.

A medida que esta meditación llega a su fin, agradece el tiempo dedicado a liberar pensamientos. Lleva contigo esta sensación de calma y liberación a lo largo de tu día. Que esta meditación te ayude a enfrentar los desafíos con mayor claridad y a vivir en el presente, libre de las cargas de pensamientos innecesarios.

Abre suavemente los ojos, regresando al

presente, sabiendo que siempre puedes regresar a este espacio de liberación cuando lo desees. Que esta meditación te guíe hacia una vida más ligera y consciente, llena de paz y bienestar. Que así sea.

17 MEDITACION PARA PROMOVER EL SUEÑO REPARADOR.

Comienza por encontrar un lugar tranquilo y cómodo donde puedas acostarte sin distracciones. Asegúrate de que tu cuerpo esté en una posición relajada y cómoda.

Cierra suavemente los ojos y lleva tu atención hacia tu respiración. Siente cómo el aire entra y sale de tu cuerpo, permitiendo que tu respiración se vuelva más lenta y profunda con cada inhalación y exhalación.

Con cada inhalación, imagina que estás inhalando una luz suave y cálida, que se extiende por todo tu cuerpo, llenándote de una sensación de calma y serenidad. Y con cada exhalación, permite que cualquier tensión o preocupación se disuelva y se libere de tu cuerpo y mente.

Siente cómo cada parte de tu cuerpo se relaja profundamente: tus pies, tus piernas, tu abdomen, tus brazos, tu pecho, tu cuello y tu rostro. Siente cómo la relajación se extiende por todo tu ser, creando un estado de total serenidad y paz interior.

Imagina que estás caminando por una playa tranquila al anochecer. Siente cómo la suave brisa marina acaricia tu piel y cómo la arena cálida y suave se desliza bajo tus pies. Escucha el suave sonido de las olas rompiendo en la orilla.

A medida que caminas por la playa, observa cómo el sol se pone lentamente en el horizonte, tiñendo el cielo de tonos cálidos y dorados. Siente cómo la belleza y la serenidad de la escena te envuelven, creando un ambiente propicio para un sueño reparador.

Con cada paso que das, siente cómo tu cuerpo se relaja aún más. Siente cómo la tensión y el estrés se desvanecen con cada paso, dejando espacio para la relajación profunda y el descanso.

Lleva tu atención a tu respiración una vez más. Siente cómo el ritmo constante de tu respiración te guía hacia un estado de mayor calma y tranquilidad. Permitiéndote soltar cualquier pensamiento o preocupación que pueda surgir, déjate llevar por la suavidad y la paz de tu respiración.

Imagina que te acuestas suavemente en la arena, permitiendo que el suave vaivén de las olas te acune en un sueño profundo y reparador. Siente cómo te entregas por completo a la tranquilidad y la relajación, dejando que tu mente y tu cuerpo se sumerjan en un sueño rejuvenecedor.

A medida que te sumerges en el sueño profundo, visualiza cómo cada célula de tu cuerpo se nutre y se revitaliza. Siente cómo el sueño reparador restaura tu energía y te prepara para despertar renovado(a) y lleno(a) de vitalidad.

Siente gratitud por este tiempo de descanso y rejuvenecimiento. Agradece a tu cuerpo y a tu mente por permitirse el sueño reparador que mereces. Confía en que tu sueño será profundo y restaurador, y que despertarás con una sensación de frescura y claridad.

Cuando estés listo(a) para finalizar la meditación, déjate llevar suavemente por el sueño reparador, sabiendo que te llevará a un estado de renovación profunda.

Que esta meditación te brinde un sueño reparador y restaurador, lleno de paz y serenidad. Que encuentres descanso y renovación en tus sueños, y que despiertes con una sensación de vitalidad y plenitud. Que cada noche sea un regalo para tu bienestar y tu felicidad.

18 MEDITACION PARA LA SUPERACION DE OBSTACULOS.

En este momento, te invito a buscar un espacio sereno y acogedor donde puedas sentirte cómodo(a) y libre de distracciones. Puedes optar por sentarte o recostarte en una posición que te permita relajar todo tu cuerpo. Toma unos instantes para ajustar tu postura y asegurarte de que te encuentras en una posición relajada y en equilibrio. Ahora, suavemente, cierra los ojos y comienza a respirar conscientemente, tomando inhalaciones profundas y exhalando suavemente.

Permítete soltar cualquier tensión o preocupación que puedas estar sintiendo en este momento. Con cada exhalación, libera cualquier pensamiento que no te permita estar completamente presente en esta meditación.

Observa cómo tu respiración fluye suavemente, como una suave brisa que acaricia tu ser. Con cada inhalación, inhalas calma y claridad, y con cada exhalación, exhalas cualquier inquietud o distracción.

Siente cómo cada inhalación te llena de energía renovada y cada exhalación te relaja más profundamente. Permitiendo que tu mente se serene, te conectas con la quietud de tu interior.

A medida que te sumerges en esta atmósfera de tranquilidad, te invito a visualizar un camino frente a ti. Este sendero representa el camino hacia tus metas y deseos. Cada paso que des en esta meditación te acercará a la realización de tus sueños.

Con cada paso que das en tu mente, te sientes más ligero(a) y confiado(a). Te das cuenta de que no hay obstáculos insuperables y que tienes el poder de afrontar cualquier desafío en tu camino.

Imagina cómo tus metas y deseos se manifiestan ante ti, como destellos de luz que brillan en el horizonte. Siente cómo la fuerza y la determinación se despiertan en tu interior.

En este espacio de conexión profunda contigo mismo(a), visualiza cómo todos los obstáculos se disuelven y las soluciones aparecen claramente ante ti. Te sientes empoderado(a) y capaz de enfrentar cualquier desafío que pueda surgir en tu camino hacia la manifestación de tus metas y deseos.

Mantén esta imagen clara y luminosa en tu mente mientras sigues respirando conscientemente. Siente cómo la energía fluye a través de ti, como una corriente de confianza y determinación que te impulsa hacia adelante.

Ahora, con plena convicción, repite en tu mente estas afirmaciones: "Soy capaz de superar cualquier obstáculo. Mis metas se manifiestan con facilidad. Soy merecedor(a) de todo lo que deseo. Estoy en el camino hacia la realización de mis sueños."

Tómate unos momentos para sentir la fuerza de estas afirmaciones resonando en tu ser. Siente cómo te llenan de confianza y certeza en tu capacidad para lograr todo aquello que deseas.

Continúa respirando conscientemente y permitiéndote conectar con esa fuerza interior que te impulsa a superar obstáculos. Reconoce que cada desafío es una oportunidad para crecer y aprender, y que tienes la capacidad de encontrar soluciones creativas y efectivas para cualquier situación que se presente.

Siente cómo la motivación y la determinación se afianzan en tu ser, fortaleciéndote en el camino hacia tus metas y deseos.

Ahora, visualiza cómo tus metas se materializan una a una, como si fueran piezas de un rompecabezas que se encajan perfectamente. Siente la gratitud y la alegría que se despiertan en tu interior al ver cómo todo empieza a tomar forma.

Mantén esta imagen clara y viva en tu mente mientras sigues respirando conscientemente y sumergiéndote en esa sensación de logro y satisfacción.

Con plena confianza en ti mismo(a), toma la decisión de seguir adelante con determinación y constancia en la realización de tus metas y deseos. Confía en que cada paso que das te acerca más a la vida que deseas vivir.

Cuando estés listo(a) para finalizar la meditación, lleva contigo la certeza de que tienes el poder de superar obstáculos y manifestar tus metas y deseos.

Que esta meditación te inspire a mantener tu enfoque y determinación en el camino hacia tus sueños. Que cada paso que des te acerque más a la realización de tus aspiraciones más profundas.

Que encuentres en ti la fortaleza y la confianza para superar cualquier desafío y manifestar la vida que realmente deseas vivir. Que esta meditación te acompañe en tu camino hacia la plenitud y la satisfacción en todas las áreas de tu vida.

19 MEDITACION PARA MEJORAR LA PACIENCIA.

Comienza por encontrar un lugar tranquilo y cómodo donde puedas sentarte sin distracciones. Asegúrate de que tu cuerpo esté en una posición relajada y en equilibrio.

Cierra suavemente los ojos y lleva tu atención hacia tu respiración. Siente cómo el aire entra y sale de tu cuerpo, permitiendo que tu respiración se vuelva más profunda y tranquila con cada inhalación y exhalación.

Imagina que te encuentras en un tranquilo jardín de meditación, rodeado(a) de un paisaje sereno y armonioso. Siente cómo la paz y la tranquilidad del entorno te envuelven, creando un ambiente propicio para cultivar la paciencia.

Lleva tu atención a tu cuerpo y toma conciencia de cualquier tensión o impaciencia que puedas estar sintiendo en este momento. Permítete reconocer estos sentimientos sin juzgarlos y déjalos ir, permitiendo que se disuelvan en la tranquilidad del jardín.

Visualiza cómo te sientas en un cómodo asiento en medio del jardín, rodeado(a) por la belleza de la naturaleza. Siente cómo te conectas con la estabilidad y la calma que emanan de la tierra misma.

Lleva tu atención a tu respiración una vez más y permítete respirar con calma y profundidad. Siente cómo cada inhalación te llena de paciencia y cómo cada exhalación libera cualquier impaciencia o agitación que puedas estar experimentando.

Imagina que te rodea una suave luz dorada que representa la paciencia. Siente cómo esta luz amorosa y tranquilizadora te abraza, disipando cualquier sensación de prisa o frustración.

Permítete aceptar el momento presente tal como es, sin resistencia ni juicio. Observa cómo la paciencia se infunde en cada célula de tu cuerpo y en cada pensamiento de tu mente.

Visualiza una situación en tu vida en la que te gustaría cultivar más paciencia. Observa cómo te sientes en esa situación y permítete observar tus reacciones y pensamientos sin juzgarlos.

Con suavidad, recítate a ti mismo(a) palabras de paciencia y aceptación. Puedes decirte frases como: "Soy paciente y sereno(a) ante los desafíos", "Fluyo con el ritmo natural de la vida", "Cultivo la calma y la serenidad en cada momento".

Imagina cómo esta paciencia fluye a través de ti, suavizando cualquier resistencia o impaciencia que puedas estar experimentando. Siente cómo te vuelves más flexible y abierto(a) a los cambios y desafíos que la vida te presenta.

Permanece en este estado de paciencia y aceptación durante unos minutos, sintiendo cómo la calma y la serenidad se arraigan profundamente en tu ser.

Cuando estés listo(a) para finalizar la meditación, lleva tu atención de nuevo a tu respiración. Toma unas respiraciones profundas y conscientes, permitiendo que la energía de la paciencia se integre en cada célula de tu cuerpo.

Abre suavemente los ojos y lleva contigo la sensación de paciencia y aceptación a lo largo de tu día. Recuerda que siempre puedes regresar a esta meditación cuando necesites cultivar la paciencia en cualquier situación.

Que esta meditación te brinde una profunda conexión con tu capacidad innata de ser paciente. Que te permita aceptar y fluir con el ritmo de la vida, encontrando calma y serenidad en cada momento. Que encuentres en la práctica de la meditación un camino hacia una mayor paciencia y bienestar en tu vida diaria.

20 MEDITACION PARA LA GENERACION DE AMOR Y AMABILIDAD.

Entra con suavidad en esta meditación guiada para cultivar y expandir el amor y la amabilidad en tu ser. Busca un lugar tranquilo y acogedor donde puedas sentirte cómodo(a) y libre de distracciones. Puedes optar por sentarte con la espalda recta pero relajada, o si prefieres, recuéstate en una posición que te permita estar en armonía y conexión con tu interior.

Cierra los ojos con dulzura, como si estuvieras cerrando las puertas al mundo exterior para adentrarte en el espacio sagrado de tu corazón. Comienza a respirar conscientemente, tomando inhalaciones profundas y exhalando suavemente, dejando que cada respiración te conecte con el presente.

Imagina que en el centro de tu pecho, en el santuario de tu corazón, una luz brillante comienza a brillar. Esta luz es el núcleo puro de amor incondicional que reside en ti, siempre presente y listo para ser compartido.

A medida que respiras y te sumerges en esta luz amorosa, siente cómo se expande a cada rincón de tu ser. Cada célula, cada pensamiento y cada emoción se bañan en esta cálida y compasiva luminosidad.

Permítete sentir el amor y la amabilidad que hay en ti, reconociendo que eres merecedor(a) de este regalo poderoso que reside en tu interior. Repite en tu mente: "Soy amor, y soy amable conmigo mismo(a) y con los demás".

Conecta con la sensación de bondad hacia ti mismo(a), como si estuvieras abrazando a un ser querido en un momento de necesidad. Observa cómo esta sensación de amor y cuidado se expande hacia afuera, alcanzando a aquellos que te rodean, a tus seres queridos, a tus amigos y a todas las personas con las que te cruzas en la vida.

Visualiza que esta luz amorosa se convierte en una corriente de energía radiante que fluye desde tu corazón hacia el mundo. Imagina cómo esta corriente de amor se une con las corrientes de amor de otros seres humanos, formando un entramado de conexiones amorosas que abarcan todo el planeta.

Siente cómo esta red de amor y amabilidad se expande y envuelve a todos los seres vivos, a cada ser humano, a cada animal y a cada planta.

Observa cómo esta red de amor trasciende las barreras de tiempo y espacio, conectando a todos los seres a través del amor puro y genuino.

En este espacio de conexión y unidad, reconoce que cada pequeño acto de amabilidad que realizas, hacia ti mismo(a) o hacia los demás, contribuye a la creación de un mundo más amoroso y compasivo.

Cuando estés listo(a) para concluir esta meditación, lleva contigo la sensación de amor y amabilidad que has cultivado en tu ser.

Abre los ojos suavemente y regresa al presente, sabiendo que siempre puedes recurrir a este espacio amoroso en tu interior en cualquier momento que lo desees.

Que esta práctica te inspire a compartir el amor y la amabilidad en cada aspecto de tu vida, y que a través de tu generosidad de corazón, puedas ser un faro de luz y esperanza para ti mismo(a) y para el mundo que te rodea.

21 MEDITACION PARA MEJORAR LA CONCENTRACION.

Comienza por encontrar un lugar tranquilo y cómodo donde puedas sentarte o recostarte sin distracciones. Asegúrate de que tu cuerpo esté en una posición relajada y en equilibrio.

Cierra suavemente los ojos y lleva tu atención hacia tu respiración. Siente cómo el aire entra y sale de tu cuerpo, permitiendo que tu respiración se vuelva más profunda y relajada con cada inhalación y exhalación.

Imagina que te encuentras en un hermoso jardín lleno de árboles y flores exuberantes. Siente cómo la naturaleza te abraza con su serenidad y te brinda un espacio de tranquilidad y enfoque.

A medida que te sumerges en este jardín, observa cómo tu mente se libera de las preocupaciones y distracciones del día a día. Siente cómo los sonidos suaves de la naturaleza y el suave murmullo del viento te ayudan a encontrar calma y serenidad interna.

Lleva tu atención a tu respiración y deja que sea tu ancla en el presente. Siente cómo cada inhalación y exhalación te conecta con el momento presente, trayendo claridad y enfoque a tu mente.

Visualiza cómo tu mente se vuelve como un lago tranquilo y sereno, reflejando la belleza y la armonía de tu entorno. Siente cómo cualquier pensamiento o distracción que aparezca en la superficie del lago se disuelve suavemente, dejando espacio para una mente clara y enfocada.

Permite que tu atención se centre en un punto específico de tu cuerpo, como el flujo de tu respiración o los latidos de tu corazón. Mantén tu atención en ese punto, permitiendo que te sirva como un ancla para tu concentración.

A medida que te sumerges más y más en el lago de tu mente, siente cómo la claridad y el enfoque se expanden a cada pensamiento y acción. Siente cómo cada tarea que emprendas se realiza con precisión y atención plena.

Permítete experimentar la sensación de fluidez y eficiencia a medida que te entregas por completo a la tarea en la que estás concentrado(a). Observa cómo cada pensamiento o distracción se disipa rápidamente, dejando espacio para una mente clara y creativa.

En este estado de concentración profunda, siente cómo la energía fluye a través de tu cuerpo y mente, dándote la claridad necesaria para abordar cualquier desafío que se te presente. Siente cómo tu mente se vuelve más aguda y receptiva a las oportunidades que se presentan en tu camino.

Permanece en este estado de concentración durante unos minutos, disfrutando de la sensación de enfoque y claridad mental que te rodea.

Cuando estés listo(a) para finalizar la meditación, lleva tu atención de nuevo a tu respiración. Toma unas respiraciones profundas y conscientes, permitiendo que la energía de la concentración se integre en cada célula de tu cuerpo.

Abre suavemente los ojos y lleva contigo la sensación de concentración y enfoque a lo largo de tu día. Recuerda que siempre puedes regresar a esta meditación cuando necesites mejorar tu concentración y encontrar claridad mental.

Que esta meditación te brinde una profunda conexión con tu capacidad innata de concentración y enfoque. Que te permita acceder a un estado de claridad y eficiencia en tus tareas diarias. Que encuentres en la práctica de la meditación un camino hacia una mayor concentración y éxito en todas tus actividades.

22 MEDITACION PARA LA CONEXION CON LA NATURALEZA.

Bienvenido(a) a esta meditación guiada para conectar con la belleza y armonía del entorno que te rodea. Encuentra un espacio tranquilo y reconfortante donde puedas sentirte completamente a gusto. Busca una posición cómoda para sentarte o acostarte, permitiendo que todo tu cuerpo se relaje y encuentre equilibrio. Cierra los ojos suavemente y comienza a respirar conscientemente, tomando inhalaciones profundas y exhalando suavemente. Siente cómo tu respiración se mezcla con el aire que te rodea, conectándote con la vitalidad de la naturaleza que fluye a tu alrededor.

En este momento, te invito a soltar cualquier tensión o preocupación que puedas llevar contigo. Deja que tus pensamientos se desvanezcan como las nubes en el cielo, dando paso a la calma y la serenidad que existe en la naturaleza. Imagina ahora que estás en medio de un hermoso bosque, rodeado(a) de árboles majestuosos y follaje exuberante. Siente cómo la energía de la naturaleza te abraza con su amoroso poder.

Escucha el canto suave del viento entre las hojas, una melodía que susurra secretos antiguos y sabios. Respira profundamente y siente cómo te conectas con la tierra bajo tus pies. Imagina que estás enraizado(a) como un árbol, con raíces que se hunden profundamente en la tierra, absorbiendo su sabiduría y fortaleza. A medida que inhalas, imagina que estás bebiendo la esencia de la naturaleza, nutriendo cada célula de tu ser con su amoroso poder.

Permite que tu energía se eleve hacia el cielo, como las ramas de un árbol extendiéndose hacia el sol. Siente cómo te conectas con la vastedad del universo, abriéndote a la sabiduría y la inspiración que fluye a través de ti. Reconoce que eres un canal de luz y amor, capaz de recibir y dar en perfecto equilibrio con la naturaleza.

En esta conexión con la naturaleza, toma un momento para reconocer la profunda interconexión de todos los seres vivos. Siente cómo tu corazón se expande para abrazar a cada criatura y cada elemento de la naturaleza, reconociendo que todos somos uno en este hermoso tejido de la vida.

Continúa respirando y sumergiéndote en la presencia de la naturaleza. Si surgen pensamientos o distracciones, simplemente obsérvalos sin juzgar y vuelve suavemente a tu conexión con el bosque y la energía de la naturaleza. Siente cómo la armonía y la paz de este entorno te envuelven con amor y calma.

Ahora, sintoniza con los sonidos naturales que te rodean: el canto de los pájaros, el susurro del agua, el crujir de las hojas bajo tus pies. Permítete fundirte con estos sonidos, sintiéndolos como una sinfonía divina que te conecta con la esencia misma de la vida.

Observa los colores y las formas que adornan el paisaje. Los tonos verdes de las hojas, el azul del cielo, el rojo y amarillo de las flores. Deja que estos colores nutran tu alma y te llenen de vitalidad y alegría.

En esta conexión profunda con la naturaleza, te invito a abrir tu corazón y expresar tu gratitud por todo lo que la Madre Tierra te ofrece generosamente. Agradece por la belleza que te rodea, por el regalo de la vida, por la oportunidad de estar presente en este momento mágico.

Cuando te sientas listo(a) para concluir esta meditación, hazlo con un gesto amoroso hacia ti mismo(a). Da las gracias a la naturaleza por este momento sagrado de conexión. Lleva contigo la sensación de unidad y armonía, sabiendo que siempre puedes regresar a esta meditación para nutrir tu conexión con la naturaleza y recordar la belleza y la paz que reside en tu ser.

23 MEDITACION PARA EL PERDON Y LA LIBERACION.

Comienza por encontrar un lugar tranquilo y cómodo donde puedas sentarte sin distracciones. Asegúrate de que tu cuerpo esté en una posición relajada y en equilibrio.

Cierra suavemente los ojos y lleva tu atención hacia tu respiración. Tómate un momento para inhalar profundamente y exhalar lentamente, permitiendo que tu cuerpo y tu mente se relajen.

Con cada inhalación, siente cómo el aire fresco y purificador entra en tu cuerpo, llenándote de vitalidad y energía. Y con cada exhalación, suelta cualquier tensión o preocupación, permitiendo que se disuelvan en el aire.

Lleva tu atención a tu corazón y permítete sentir cualquier carga emocional que pueda estar presente en este momento. Observa cualquier resentimiento, dolor o ira que puedas estar albergando hacia ti mismo(a) o hacia los demás

Con compasión y amor, reconoce que llevar estas emociones contigo solo te causa sufrimiento y te impide experimentar la paz interior. Permítete abrir tu corazón al poder del perdón y la liberación.

Visualiza que te encuentras en un espacio sagrado, rodeado(a) por una luz brillante y cálida. Siente cómo esta luz te envuelve, llenándote de amor incondicional y compasión.

Lleva tu atención a una situación en la que te hayas sentido herido(a) o resentido(a). Observa cómo te sientes en esa situación y permítete experimentar las emociones asociadas con ella.

Imagina que estás frente a ti mismo(a) o a la persona involucrada en esa situación. Visualiza cómo te envuelve una esfera de luz blanca y dorada, llena de amor y sanación.

Con suavidad y compasión, dirígete a ti mismo(a) o a la persona frente a ti y repite las siguientes palabras con sinceridad y amor:

"Te perdono y me perdono por cualquier daño que haya sido causado. Reconozco que todos somos seres humanos y que cometemos errores. Suelto cualquier resentimiento o carga emocional que haya llevado conmigo y me abro al amor y la compasión. Te libero y me libero de cualquier vínculo negativo que nos haya afectado. Que podamos encontrar paz y sanación en nuestros corazones."

Siente cómo estas palabras de perdón y liberación se expanden a través de ti, disolviendo cualquier barrera emocional y permitiendo que el amor y la compasión fluyan libremente.

Imagina cómo una luz blanca y brillante se expande desde tu corazón y se fusiona con la luz de la otra persona. Siente cómo se disuelven las tensiones y las cargas emocionales, permitiendo que ambos se liberen y encuentren la paz interior.

Lleva tu atención a tu respiración una vez más y siente cómo la inhalación te llena de amor y compasión, y cómo la exhalación libera cualquier carga emocional restante. Siente cómo la energía del perdón y la liberación fluye a través de ti, sanando cada parte de tu ser.

Permanece en este estado de paz y liberación durante unos minutos, permitiendo que la energía del perdón y la liberación se integre en cada célula de tu ser.

Cuando estés listo(a) para finalizar la meditación, lleva tu atención de nuevo a tu respiración. Toma unas respiraciones profundas y conscientes, permitiendo que la energía de perdón y liberación se enraíce en ti.

Abre suavemente los ojos y lleva contigo la sensación de paz y liberación a lo largo de tu día. Recuerda que siempre puedes regresar a esta meditación cuando necesites sanar y liberarte a través del perdón.

Que esta meditación te brinde una profunda experiencia de perdón y liberación. Que encuentres en el acto de perdonar una fuente de sanación y crecimiento personal. Que te sientas libre de las cargas emocionales pasadas y te abras al amor y la compasión en tu vida presente.

24 MEDITACION PARA LA TOMA DE DECISIONES.

Una vez que hayas encontrado un lugar adecuado donde te sientas a gusto y puedas sentarte o recostarte sin distracciones, mantén tu cuerpo en una posición relajada y en equilibrio.

Cierra suavemente los ojos y lleva tu atención hacia tu respiración. Toma unos momentos para inhalar profundamente y exhalar lentamente, permitiendo que tu cuerpo y tu mente se relajen.

Imagina que estás en un jardín tranquilo y sereno, rodeado(a) de hermosas flores y suave vegetación. Siente cómo la calma y la belleza del entorno te envuelven, brindándote una sensación de paz y armonía.

Lleva tu atención a tu corazón y visualiza una luz radiante en su centro. Esta luz representa tu intuición y sabiduría interior, la guía que te ayudará en la toma de decisiones.

Recítate a ti mismo(a) las siguientes afirmaciones con confianza y serenidad:

"Soy un ser conectado con mi sabiduría interior. Confío plenamente en mi capacidad para tomar decisiones. Mi intuición me guía hacia las elecciones que me brindan paz, crecimiento y alineación con mi verdadero propósito".

Permite que tu mente se aquiete y siéntete abierto(a) a recibir cualquier mensaje o intuición que pueda surgir. No te apresures, permítete explorar cada opción con paciencia y calma.

Imagina que estás sosteniendo cada opción en tus manos, observando cómo te hace sentir en tu cuerpo y en tu corazón. Presta atención a las sensaciones que surgen, ya sea una expansión o una contracción, una sensación de paz o tensión.

Sintoniza con tu intuición mientras te conectas con tu corazón y escuchas la respuesta interior. Confía en las señales y en las sensaciones que te lleguen, incluso si son sutiles.

Toma el tiempo necesario para procesar la información y sentir cuál es la elección que te brinda mayor paz, alineación con tus valores y bienestar en general.

Cuando estés listo(a) para finalizar la meditación, lleva tu atención de nuevo a tu respiración. Toma unas respiraciones profundas y conscientes, agradeciendo por la claridad y la guía que has recibido en esta meditación.

Abre suavemente los ojos y lleva contigo la sensación de confianza en tu capacidad para tomar decisiones. Recuerda que siempre puedes regresar a esta meditación cuando necesites conectarte con tu sabiduría interior en momentos de toma de decisiones.

Que esta meditación te brinde una profunda experiencia de conexión con tu intuición y sabiduría interior. Que te sientas confiado(a) y sereno(a) al tomar decisiones importantes en tu vida.

Que tu corazón y tu intuición te guíen hacia elecciones que te brinden paz, crecimiento y alineación con tu verdadero propósito.

Que encuentres en cada decisión una oportunidad para evolucionar y vivir una vida plena y satisfactoria.

25 MEDITACION PARA CULTIVAR LA ACEPTACION.

Comienza por encontrar un lugar tranquilo y cómodo donde puedas sentarte sin distracciones. Asegúrate de que tu cuerpo esté en una posición relajada y en equilibrio.

Cierra suavemente los ojos y lleva tu atención hacia tu respiración. Toma unos momentos para observar cómo el aire entra y sale de tu cuerpo, permitiendo que cada inhalación te llene de calma y cada exhalación libere cualquier tensión o resistencia.

Imagina que te encuentras en un hermoso jardín, rodeado de naturaleza serena y pacífica. Siente cómo la energía del lugar te envuelve, brindándote una sensación de tranquilidad y aceptación.

Lleva tu atención a tu cuerpo y toma conciencia de cualquier sensación o incomodidad presente en este momento. Permítete observar estas sensaciones sin juzgarlas, simplemente aceptando su presencia tal como son.

Visualiza una luz cálida y amorosa que brilla en el centro de tu pecho, representando tu capacidad innata de aceptación. Siente cómo esta luz se expande a medida que respiras, llenando todo tu ser con su energía curativa y reconfortante.

Permítete soltar la necesidad de cambiar o controlar las circunstancias externas. Acepta que cada experiencia que llega a tu vida es una oportunidad de aprendizaje y crecimiento, incluso aquellas que parecen desafiantes o difíciles.

Con suavidad, dirígete a ti mismo(a) con estas palabras:

"Acepto plenamente cada momento de mi vida. Acepto las alegrías y las dificultades, las victorias y las derrotas. Todo lo que llega a mi vida tiene un propósito y me ofrece la oportunidad de crecer y evolucionar. Acepto y confío en el fluir de la vida".

Imagina que estás flotando en un río tranquilo,

permitiendo que la corriente te lleve sin resistencia. Siente cómo te entregas a la corriente de la vida, confiando en que siempre te guiará hacia donde necesitas estar.

Lleva tu atención de nuevo a tu respiración y siente cómo cada inhalación te llena de aceptación y cada exhalación te libera de cualquier tensión o resistencia. Deja que tu respiración sea un recordatorio constante de que puedes elegir la aceptación en cada momento presente.

Permite que la energía de la aceptación se infunda en cada célula de tu cuerpo y en cada pensamiento de tu mente. Siente cómo te vuelves más abierto(a) y receptivo(a) a las experiencias de la vida, sin resistirte ni juzgarlas.

Permanece en este estado de aceptación durante unos minutos, permitiéndote sumergirte más y más en la sensación de rendición y confianza en el fluir de la vida.

Cuando estés listo(a) para finalizar la meditación, lleva tu atención de nuevo a tu respiración. Toma unas respiraciones profundas y conscientes, agradeciendo por la capacidad de cultivar la aceptación en tu vida.

Abre suavemente los ojos y lleva contigo la sensación de aceptación a lo largo de tu día. Recuerda que siempre puedes regresar a esta meditación cuando necesites recordar la importancia y el poder de la aceptación en tu vida.

Que esta meditación te brinde una profunda experiencia de aceptación y rendición a la vida tal como es. Que encuentres en la práctica de la aceptación un camino hacia la paz interior y la serenidad. Que te sientas libre de la lucha interna y te abras a la sabiduría del momento presente.

26 MEDITACION PARA LA CONEXION ESPIRITUAL.

Te invito a esta meditación guiada para conectarte con la esencia más profunda de tu ser y abrirte a la presencia amorosa del universo. Encuentra un espacio tranquilo y reconfortante donde puedas sentirte completamente a gusto. Busca una posición cómoda para sentarte o acostarte, permitiendo que todo tu cuerpo se relaje y encuentre equilibrio.

Cierra los ojos suavemente y comienza a respirar conscientemente, tomando inhalaciones profundas y exhalando suavemente. Siente cómo tu respiración se mezcla con el aire que te rodea, conectándote con la vitalidad de la naturaleza que fluye a tu alrededor.

En este momento, adéntrate con suavidad en el santuario de tu ser espiritual, donde la magia de la conexión con el universo se despliega. Permítete liberar cualquier tensión o preocupación que puedas llevar contigo. Deja que tus pensamientos se desvanezcan como las olas en el océano, dando paso a la calma y la serenidad que reside en tu interior.

Imagina ahora que estás rodeado(a) por una luz dorada, que te abraza con amor y te protege en este espacio sagrado de conexión. Esta luz es la esencia pura de tu ser, que te conecta con la fuente de todo lo que es. Siente cómo esta luz se expande desde tu corazón, llenándote de una sensación de paz y amor incondicional.

En este estado de ser, permítete abrirte a la presencia de tus guías espirituales y seres de luz que te acompañan en tu camino. Puedes visualizarlos a tu alrededor, rodeados de una luz brillante y amorosa. Siente cómo su energía te envuelve, ofreciéndote apoyo y orientación en tu viaje espiritual.

Siente cómo te conectas con la sabiduría ancestral y cómo te conviertes en un canal de amor y luz para el bienestar de ti mismo(a) y para todos los seres vivos. Deja que la energía espiritual fluya a través de todo tu ser, sanando cualquier herida emocional o bloqueo que puedas llevar contigo.

En este estado de conexión, eres uno con el

universo, un ser divino con un propósito único y valioso en esta vida. Siente cómo la presencia amorosa del universo te abraza y te guía en cada paso que das.

Continúa respirando y sumergiéndote en la presencia de tu ser espiritual. Si surgen pensamientos o distracciones, simplemente obsérvalos sin juzgar y vuelve suavemente a la conexión con tu jardín interior y la luz dorada que te abraza.

Ahora, en este espacio de conexión espiritual, puedes invitar a cualquier ser de luz, guía espiritual o maestro interior que desees tener en esta meditación. Puedes visualizarlos apareciendo frente a ti, rodeados de una luz brillante y amorosa. Siente su presencia y su apoyo, sabiendo que siempre están contigo en este viaje espiritual.

Con la presencia de tu guía espiritual, siéntete libre de hacer cualquier pregunta que desees o pedir orientación en algún aspecto de tu vida. Escucha atentamente las respuestas que puedan llegar a tu corazón, a través de palabras, imágenes o simplemente una sensación de sabiduría interior.

Ahora, permite que la energía espiritual fluya a través de todo tu ser. Siente cómo una luz brillante comienza a expandirse desde tu corazón, llenando cada célula de tu cuerpo con amor y compasión. Siente cómo esta luz se irradia hacia el exterior, abrazando a todo lo que te rodea, extendiendo tu amor y gratitud hacia el mundo.

En este estado de conexión espiritual, puedes abrir tu corazón para recibir mensajes, inspiración y sabiduría de los reinos espirituales superiores. Siente cómo te unes a la sabiduría ancestral y cómo te conviertes en un canal de amor y luz para el bienestar de ti mismo(a) y para todos los seres vivos.

Tómate un momento para expresar tu gratitud por esta experiencia espiritual y por el encuentro con tu ser divino y guías espirituales. Agradece la sabiduría compartida y la energía amorosa que has recibido en esta meditación.

Cuando te sientas listo(a) para concluir esta meditación, hazlo con un gesto amoroso hacia ti mismo(a). Siente cómo la luz dorada que te envuelve ahora te acompaña en cada paso que das, recordándote siempre la conexión con tu ser espiritual y el amor incondicional que reside en tu interior.

Regresa a tu espacio físico, llevando contigo la serenidad y la armonía que has encontrado en esta meditación. Recuerda que siempre puedes regresar a este lugar sagrado de tu ser para nutrir tu conexión espiritual y continuar tu camino de crecimiento y evolución.

27 MEDITACION PARA LA ENERGIA Y LA VITALIDAD.

Comienza por encontrar un lugar tranquilo y cómodo donde puedas sentarte sin distracciones. Asegúrate de que tu cuerpo esté en una posición relajada y en equilibrio.

Cierra suavemente los ojos y lleva tu atención hacia tu respiración. Toma unos momentos para inhalar profundamente y exhalar lentamente, permitiendo que tu cuerpo y tu mente se relajen.

Imagina que te encuentras en un hermoso jardín lleno de flores vibrantes y colores brillantes. Siente cómo la energía de la naturaleza te envuelve, brindándote una sensación de vitalidad y renovación.

Lleva tu atención a tu centro de energía, ubicado en el área del abdomen. Visualiza una luz brillante y radiante en ese lugar, representando tu energía vital.

Con cada inhalación, siente cómo la luz se expande y se vuelve más intensa, llenándote de energía positiva y vitalidad. Y con cada exhalación, suelta cualquier tensión o bloqueo, permitiendo que se disuelvan en el aire.

Imagina que estás conectado(a) con la fuente ilimitada de energía y vitalidad del universo. Siente cómo esa energía fluye hacia ti, llenándote de vida y vigor en cada célula de tu cuerpo.

Recítate a ti mismo(a) las siguientes afirmaciones con convicción y confianza:

"Soy un ser lleno de energía y vitalidad. Mi cuerpo está lleno de vida y mi mente está llena de claridad y enfoque. Me siento revitalizado(a) y renovado(a) en cada momento".

Siente cómo la energía fluye a través de todo tu cuerpo, nutriéndote y fortaleciéndote. Permítete disfrutar de esta renovada energía y permitir que te impulse a vivir plenamente.

Lleva tu atención a cada parte de tu cuerpo, desde la punta de tus dedos hasta la cima de tu

cabeza. Siente cómo cada célula se llena de energía y vitalidad, brindándote una sensación de vitalidad y fuerza en todo tu ser.

Permanece en este estado de conexión con la energía y la vitalidad durante unos minutos, permitiéndote sumergirte más y más en la sensación de plenitud y vigor.

Cuando estés listo(a) para finalizar la meditación, lleva tu atención de nuevo a tu respiración. Toma unas respiraciones profundas y conscientes, agradeciendo por la energía y vitalidad que has cultivado en esta meditación.

Abre suavemente los ojos y lleva contigo la sensación de energía y vitalidad a lo largo de tu día.

Recuerda que siempre puedes regresar a esta meditación cuando necesites recargar tu energía y aumentar tu vitalidad.

Que esta meditación te brinde una profunda experiencia de conexión con tu energía interior y te llene de vitalidad y entusiasmo.

Que te sientas lleno(a) de vida y motivación para abrazar cada día con vigor y claridad.

Que la energía fluya a través de ti y te impulse a vivir plenamente tu vida con pasión y alegría.

28 MEDITACION PARA LA CONEXION MENTE-CUERPO.

Con dulzura y cuidado, encuentra un refugio de paz y serenidad para sumergirte en esta meditación que te conducirá hacia una profunda conexión mente-cuerpo. Elige un espacio que te abrace con comodidad y te permita sentirte libre de cualquier distracción externa, un lugar donde puedas experimentar un encuentro íntimo y sincero contigo mismo(a).

Selecciona una postura que promueva la armonía y el equilibrio en tu ser, ya sea sentándote con las piernas cruzadas en el suelo o en una silla con los pies firmemente apoyados en el suelo, manteniendo la espalda recta pero sin tensiones. También puedes optar por recostarte, entregando tu cuerpo a una relajación plena y profunda.

Con cada inhalación y exhalación, permite que la calma te envuelva, liberando cualquier preocupación o inquietud que pueda haber en tu interior. Deja que la respiración sea el hilo conductor que te guíe hacia la unidad entre mente y cuerpo.

Siente cómo tu mente se serena, como las aguas de un lago en completa quietud. Observa cómo los pensamientos llegan y se van, sin juicio ni resistencia, permitiendo que la calma se instale en tu ser.

A medida que te conectas con tu respiración, permite que esta conexión mente-cuerpo se intensifique, como una danza armoniosa entre dos seres que se abrazan con amor y comprensión. Siente cómo cada inhalación nutre y revitaliza tu cuerpo, llevando vida y energía a cada célula. Cada exhalación libera tensiones y preocupaciones, abriendo espacio para la serenidad y el equilibrio.

Imagina una luz cálida y brillante que emana del centro de tu ser, expandiéndose a través de cada rincón de tu cuerpo. Esta luz amorosa envuelve tus pensamientos, emociones y sensaciones, unificándolos en una comunión sagrada.

Permite que esta luz ilumine tu camino hacia la

comprensión y aceptación de ti mismo(a), abrazando cada aspecto de tu ser con compasión y bondad. Siente cómo tu corazón se llena de gratitud por la persona que eres, con tus dones y desafíos, aceptando con amor todo lo que conforma tu ser único.

En esta conexión mente-cuerpo, siéntete en unión con la totalidad del universo. Eres una parte esencial de la vastedad del cosmos, interconectado con todo lo que te rodea. Siente cómo fluye la energía en armonía y cómo cada latido de tu corazón está sincronizado con el latido del universo.

Continúa respirando suavemente, permitiendo que esta sensación de unidad y serenidad te inunde por completo. Si surgen pensamientos o distracciones, simplemente obsérvalos y déjalos pasar, volviendo suavemente a la calma y conexión mente-cuerpo.

En este espacio sagrado, siéntete libre de cualquier expectativa o juicio. No hay nada que lograr o alcanzar, simplemente estás aquí, presente, conectado(a) y en paz.

A medida que esta meditación llega a su fin, agradece el tiempo dedicado a nutrir la conexión mente-cuerpo. Lleva contigo esta sensación de unidad y serenidad a lo largo de tu día. Que esta meditación te ayude a fortalecer el vínculo sagrado entre tu mente y tu cuerpo, guiándote hacia una vida plena y consciente.

Abre suavemente los ojos, regresando al presente, sabiendo que siempre puedes retornar a este espacio de conexión mente-cuerpo cuando lo desees. Que esta unión interna te guíe hacia una vida más significativa y que puedas enfrentar cada día con mayor calma y sabiduría. Que así sea.

29 MEDITACION PARA CULTIVAR LA PAZ INTERIOR.

Comienza por encontrar un lugar tranquilo y cómodo donde puedas sentarte sin distracciones. Asegúrate de que tu cuerpo esté en una posición relajada y en equilibrio.

Cierra suavemente los ojos y lleva tu atención hacia tu respiración. Toma unos momentos para inhalar profundamente y exhalar lentamente, permitiendo que tu cuerpo y tu mente se relajen.

Imagina que estás en un hermoso templo rodeado de silencio y serenidad. Siente cómo la atmósfera sagrada del lugar te envuelve, brindándote una profunda sensación de paz interior.

Lleva tu atención a tu corazón y visualiza una luz brillante y suave en su centro. Siente cómo esta luz se expande con cada inhalación, llenando todo tu ser de paz y tranquilidad. Y con cada exhalación, suelta cualquier tensión o preocupación, permitiendo que se disuelvan en el aire.

Siente cómo tu respiración se vuelve más suave y rítmica, llevando la paz a cada rincón de tu cuerpo y mente. Permítete soltar cualquier pensamiento o emoción que pueda perturbar tu tranquilidad, dejándolos ir con amor y compasión.

Recítate a ti mismo(a) las siguientes afirmaciones con calma y convicción:

"Soy un ser de paz interior. Me permito soltar todas las preocupaciones y tensiones. Mi corazón está lleno de amor y serenidad. Soy libre de la agitación y abrazo la paz en cada momento".

Imagina que estás flotando en un océano de tranquilidad, dejándote llevar por sus suaves corrientes. Siente cómo te entregas a la corriente de la paz, permitiendo que te guíe hacia un estado de calma y plenitud.

Lleva tu atención de nuevo a tu respiración y siente cómo cada inhalación te llena de paz y cada exhalación te libera de cualquier inquietud o preocupación. Siente cómo la paz fluye a través de ti, envolviéndote en su abrazo amoroso.

Permítete descansar en este estado de paz durante unos minutos, sumergiéndote en la sensación de calma y quietud interior. Siente cómo la paz se expande a medida que te conectas más profundamente contigo mismo(a).

Visualiza cómo la luz brillante de tu corazón se irradia hacia el exterior, envolviendo todo tu ser y expandiéndose hacia el mundo que te rodea. Siente cómo tu paz interior se fusiona con la paz universal, creando un campo de armonía en tu vida y en el mundo.

Imagina que estás enviando ondas de paz y amor a todas las personas y seres del mundo. Siente cómo tu energía pacífica se extiende y se conecta con la energía de otros corazones que también buscan la paz interior.

Cuando estés listo(a) para finalizar la meditación, lleva tu atención de nuevo a tu respiración. Toma unas respiraciones profundas y conscientes, agradeciendo por la paz que has cultivado en esta meditación.

Abre suavemente los ojos y lleva contigo la sensación de paz interior a lo largo de tu día. Recuerda que siempre puedes regresar a esta meditación cuando necesites reconectar con tu ser interior y cultivar la paz en tu vida.

Que esta meditación te brinde una profunda experiencia de paz interior y armonía. Que te sientas en paz contigo mismo(a) y con el mundo que te rodea. Que la paz se convierta en tu refugio interno, guiándote hacia una vida llena de serenidad y equilibrio. Que tu paz interior sea una inspiración para los demás y contribuya a la creación de un mundo más pacífico y amoroso.

30 MEDITACION PARA LA ACEPTACION DEL CAMBIO.

Entra con suavidad en esta meditación guiada para abrazar la aceptación del cambio. Busca un espacio tranquilo y sereno donde puedas sentirte cómodo(a) y libre de distracciones. Siéntate o recuéstate en una posición que te permita estar relajado(a) y en equilibrio. Cierra los ojos con dulzura y comienza a respirar conscientemente, tomando inhalaciones profundas y exhalando suavemente.

Permítete liberar cualquier tensión o resistencia que puedas estar sintiendo en este momento. Con cada exhalación, deja ir cualquier pensamiento que no te permita estar completamente presente en esta meditación.

Imagina que estás en un bosque sereno, rodeado(a) por la naturaleza en su máxima expresión. Siente cómo el suelo bajo tus pies te conecta con la tierra y cómo el suave susurro del viento te acaricia con ternura.

En este rincón sagrado de la naturaleza, observa cómo la vida se despliega con fluidez y sin esfuerzo. Cada estación trae consigo su propia belleza y transformación, recordándonos que el cambio es una parte esencial del ciclo de la vida.

Visualiza cómo una suave luz dorada te rodea, infundiendo tu ser con una sensación de calma y aceptación. Esta luz representa la sabiduría interior que te guía hacia una comprensión más profunda del cambio.

A medida que te sumerges en esta experiencia, reflexiona sobre los cambios que has experimentado a lo largo de tu vida. Observa cómo cada uno de ellos te ha llevado hacia nuevos horizontes y oportunidades de crecimiento.

En este espacio de aceptación y serenidad, repite en tu mente estas afirmaciones: "Soy flexible y me adapto fácilmente a los cambios de la vida. Cada cambio me guía hacia una versión más auténtica y plena de mí mismo(a). Acepto el fluir natural de la vida con gratitud y confianza."

Siente cómo estas afirmaciones resuenan en tu ser y te llenan de paz y tranquilidad. Reconoce que tienes el poder de abrazar el cambio como una oportunidad para evolucionar y expandirte.

Mantén tu atención en tu respiración, sintiendo cómo el aire entra y sale de tu cuerpo, permitiéndote estar presente en este momento de aceptación.

Con cada inhalación, imagina que estás inhalando coraje y fuerza para enfrentar cualquier cambio que se presente en tu vida. Con cada exhalación, libera cualquier miedo o resistencia que puedas tener hacia lo desconocido.

Observa cómo tu cuerpo se relaja aún más con cada respiración consciente que tomas. Siente cómo la calma y la serenidad se expanden por todo tu ser, permitiéndote abrazar el cambio con apertura y confianza.

Visualiza ahora un río sereno que fluye con gracia y fluidez. Este río representa el flujo natural de la vida y la inevitabilidad del cambio. Observa cómo el agua del río se adapta y fluye en armonía con las rocas y los obstáculos que encuentra en su camino.

Reflexiona sobre cómo, al igual que el río, tú también puedes fluir con gracia y serenidad en la corriente del cambio. Acepta que los cambios son una parte necesaria de la vida y que cada uno de ellos te lleva hacia una nueva etapa de crecimiento y aprendizaje.

En este espacio de aceptación, perdónate a ti mismo(a) por cualquier resistencia pasada hacia el cambio. Reconoce que es normal sentir temor o inseguridad frente a lo desconocido, pero también reconoce que tienes la fuerza interna para superar esos miedos y abrazar cada cambio con valentía y determinación.

Siente cómo la aceptación del cambio te llena de una sensación de liberación y paz interior. Te das cuenta de que no necesitas controlar todo en tu vida, sino que puedes confiar en el proceso natural del universo y en tu capacidad para adaptarte y crecer.

Cuando estés listo(a) para finalizar la meditación, agradece a ti mismo(a) por haber dedicado este tiempo a cultivar la aceptación del cambio en tu vida. Lleva contigo la sensación de aceptación y serenidad que has encontrado en este espacio sagrado.

Que esta práctica te acompañe en tu camino hacia una mayor aceptación del cambio y te permita abrazar con amor y confianza cada nueva etapa de tu vida. Que puedas fluir con gracia y serenidad en la danza de la vida, sabiendo que cada cambio te lleva hacia una versión más auténtica y plena de ti mismo(a).

Que encuentres en la aceptación la llave para abrir tu corazón a nuevas posibilidades y experiencias en este maravilloso viaje llamado vida. Y que cada cambio te brinde la oportunidad de crecer y evolucionar, llevándote siempre hacia una mayor plenitud y realización personal.

Querido(a) lector(a):

Ha sido un hermoso viaje explorar junto a ti las profundidades de la meditación y la conexión con nuestro ser interior. "Despertar Interior: 30 Meditaciones Guiadas para la Sanación y el Crecimiento Personal" ha sido creado con el amor y la intención de guiarte hacia un camino de sanación, autodescubrimiento y empoderamiento.

A lo largo de estas páginas, hemos viajado a través de diferentes meditaciones que han tocado diversos aspectos de nuestra vida, como la atención plena, la relajación, la gratitud, la autoestima, la gestión del estrés y la conexión con la naturaleza. Cada meditación ha sido diseñada para brindarte un espacio sagrado donde puedas explorar tu interior, liberarte de cargas emocionales y permitirte crecer en tu camino espiritual.

Espero que estas meditaciones hayan sido una guía amorosa para conectar con tu esencia interior, y que hayas podido encontrar momentos de paz, claridad y transformación en cada una de ellas. Recuerda que la verdadera magia de la meditación radica en la práctica constante y el amoroso cuidado que te das a tí mismo(a).

No importa en qué punto de tu camino te encuentres, siempre puedes volver a estas meditaciones para recordar tu poder interior y encontrar la fuerza necesaria para superar cualquier obstáculo que se presente en tu vida.

Agradezco de corazón la oportunidad de acompañarte en este viaje hacia la sanación y el crecimiento personal. Que las enseñanzas de estas meditaciones sigan resonando en tu corazon y te guíen hacia una vida plena de amor, paz y propósito.

Que tu esencia interior siga brillando con luz propia y que siempre te permitas explorar la belleza y la sabiduría que habita en tu ser.

Con infinito amor y gratitud,

Sol Savall

Made in the USA
Las Vegas, NV
12 March 2024

87105238R00079